SAMANTHA FRISON

Basta un click

Romanzo

Rizzoli

Pubblicato per

Rizzoli

da Mondadori Libri S.p.A.

ISBN 978-88-17-09717-8

Prima edizione: ottobre 2018

Per la curatela del volume, l'Editore ringrazia Serena Piazza

Prima parte

Una nuova avventura

Si comincia!

Quando arrivo davanti alla scuola sono le 8.07 di un mercoledì mattina pieno di sole e dentro di me lo so già: sta per cominciare la nuova stagione di… tadà!… *Quel disastro di Emma.*

Un ragazzo alto e magrissimo mi supera e si volta un istante a fissarmi con aria interrogativa, prima di entrare nel portone aperto e sparire nell'atrio.

Che cosa avrò gridato? Tadà, quel disastro di Emma o tutte e due?

Faccio spallucce e scuoto la testa. Chi se ne importa! Ormai ci sono abituata: a volte parlo da sola. Mi capita soprattutto quando sono nervosa, ragionare a voce alta mi aiuta a mettere in ordine le idee.

L'altra cosa che faccio sempre quando sono nervosa è ascoltare la musica con le cuffiette a un volume più esagerato del solito. Mi isolo dal resto del mondo e tutto diventa più distante e leggero, tutti i problemi si possono risolvere, io mi sento sicura (per una volta!) e in pace con me stessa.

Il risultato del mio metodo di rilassamento? Parlo

da sola allo stesso volume della musica, e senza rendermene conto.

E non è nemmeno una delle peggiori figure di C che faccio di solito. Mamma dice che ho cominciato quando avevo sette, forse otto anni. Durante un pranzo di matrimonio, giocavo nel giardino del ristorante con altri bambini e ho sbattuto così forte la testa contro un palo dell'altalena che sono svenuta. Ma io il palo non l'avevo proprio visto.

Da lì in avanti, ho smesso di tenere il conto. Che cosa posso farci? Mi chiamo Emma, ho 14 anni, adoro la ginnastica artistica, la mia amica Jessica, i viaggi, la musica, le serie tivù, e le figure di C sono il mio pane quotidiano.

Mi superano altri tre ragazzi. Anche loro si girano, ma questa volta si mettono a ridacchiare e si scambiano qualche frase. La musica mi impedisce di sentire cosa dicono, ma uno dei tre si tocca la tempia con un dito e non ho dubbi su quello che intende.

E dopo questa, posso anche entrare, penso (sono sicura, questa volta l'ho solo pensato).

Sblocco il telefono: le otto e dodici minuti scattano mentre si illumina lo schermo. Sono stra-in-orario.

Guardo il grande portone come se dovessi imparare a memoria tutte le crepe del legno e i punti in cui la vernice marrone si è staccata, faccio il primo passo, il secondo, il terzo e sono dentro.

Alle otto dodici minuti e qualche secondo del 12 settembre, con Demi Lovato che mi grida nelle orecchie

What's wrong with being confident?, comincia ufficialmente il mio primo giorno al liceo artistico Vincent van Gogh e io non so se scoppiare di felicità o morire di paura.

L'atrio della scuola è enorme e pieno zeppo di gente. Questo posto era così grande anche quando ci siamo venuti per l'Open Day?

Mentre la musica si mescola ai miei pensieri, io mi guardo intorno e all'improvviso mi sento un pesce piccolissimo e insignificante buttato in un enorme acquario pieno di pesci bellissimi e colorati.

Le ragazze sembrano tutte uscite da una rivista di moda. E poi, hanno un'aria così sicura e allegra. Le più grandi, soprattutto, è come se brillassero di luce propria.

Il primo istinto è tornare da dove sono venuta, ma non posso. Sono un disastro, quel disastro di Emma, ma ho lottato tanto per arrivare qui e voglio almeno provare a restarci.

Mi tolgo le cuffiette e vengo travolta da ondate di chiacchiere e risate, che continuano ad aumentare a mano a mano che altre ragazze e altri ragazzi entrano dal portone.

«Scusa...» dice qualcuno alle mie spalle.

Mi volto: è una ragazza molto più grande di me – sarà dell'ultimo anno –, che mi fa cenno con la mano di spostarmi.

«Certo! Scusa!» le rispondo, mentre mi faccio da parte.

Figura di C numero tre. Non mi ero resa conto di aver bloccato l'ingresso.

Seguita da due amiche, la ragazza punta dritta verso un gruppetto in fondo all'atrio. Quando lo raggiunge, si scambia baci e abbracci con tutti.

In attesa che suoni la campanella, eccezionalmente alle otto e mezza per questo primo giorno di scuola, io mi trovo un angolino tranquillo (si fa per dire) e aspetto. La scena che mi vedo davanti è sempre la stessa: gente che entra e punta dritta verso un gruppetto fermo in un angolo dell'atrio, lo raggiunge e fa partire lo scambio di baci e abbracci.

Lo stomaco mi si strizza al pensiero di quando facevo la stessa cosa con Jess, che è, sì, la mia migliore amica, ma è anche mia compagna di squadra a ginnastica artistica, è stata mia compagna di banco per tutte le scuole medie, e ora si è iscritta al primo anno del liceo linguistico.

Vorrei mandarle una nota vocale, ma con questa confusione non capirebbe niente. Allora, le scrivo:

> Siccome è da almeno un'ora che non te lo dico... buon primo giorno! (e sì, lo so che è la millesima volta che te lo dico, ma mi manchi! ☹).

Jess visualizza e mi risponde all'istante:

> E siccome è da almeno un'ora che non te lo dico nemmeno io... buon primo giorno! (mi manchi anche tu! ☹ ma ci vediamo più tardi all'allenamento! ☺).

Quando torno sul pianeta-atrio, il mio spazio vitale è diventato così piccolo che mi sembra di stare sull'autobus stracarico. Sono circondata da una marea di ragazze e ragazzi, con un'aria più confusa di tutti gli altri. Continuano a guardare l'ora e a farsi domande del tipo: "Dici che ci sarà qualche test d'ingresso?", "Ci daranno già i compiti?", "Potremo stare seduti vicini?".

Sono del primo anno come me, ma al contrario di me sono tutti in compagnia, alcuni a coppie, altri a gruppetti di tre o quattro.

Scuoto la testa e mi lamento: «Possibile che io sia l'unica sfigata che non conosce nessuno?».

Un ragazzo e una ragazza si voltano e mi guardano con gli occhi sgranati.

Sorrido cercando di sembrare meno folle possibile. E adesso? La mia timidezza mi direbbe di allontanarmi in fretta facendo finta di niente, ma ci sono momenti in cui, come mi dice sempre Jess, devo sforzarmi e andare oltre la mia timidezza.

Allora mi faccio coraggio e sparo: «Ciao, sono Emma! Sono in prima B. E voi?».

La campanella si mette a suonare prima che possano rispondermi.

Dentro e fuori

La scuola dovrebbe cominciare in autunno, non quando è ancora estate.

È la prima cosa che penso mentre percorro il corridoio in cui spero di trovare la mia classe. C'è così tanto sole che mi viene voglia di essere in piscina con Jess e non lì a cercare di orientarmi in quella specie di labirinto.

Il palazzo della scuola è antico, ma all'interno è stato ristrutturato in stile moderno: i corridoi sono ampi con i muri grigio chiaro, le porte delle aule hanno colori diversi a seconda della sezione – la A è rossa, la B è verde e la C è gialla –, gli attaccapanni di alluminio sono coordinati con i portaombrelli. Le finestre sono grandi e di una specie di plastica grigia che si mimetizza con i muri, e il pavimento è di gomma nera a bolli.

È anche per questo che ho voluto iscrivermi proprio qui e non all'artistico più piccolo e vicino al lavoro di mamma: fuori sembra in un modo e dentro è in un altro, però devi entrarci e conoscerlo per scoprirlo. E io mi sento un po' così, fuori sembro in un modo, ma se mi conosci scopri che dentro sono tutta una cosa diversa.

Adesso, per esempio, faccio la faccia di quella che sa esattamente dove sta andando, ma dentro di me comincio a pensare che forse mi sono persa.

Dopo il suono della campanella, il preside Tavalli, un tipo piccolo e con una pancia tonda, ha fatto un discorsetto sull'importanza di cominciare al meglio questo nuovo anno scolastico, ha dato il benvenuto a noi "matricole" e alla fine ci ha mandati tutti in aula.

Secondo le sue spiegazioni, la mia è l'ultima in fondo al corridoio di questo piano.

"Trovate l'indicazione della classe e della sezione sulla porta" ci ha detto, prima di appiattirsi contro il muro per non essere travolto dalla massa di noi studenti.

Ragazzi e ragazze mi superano a passo veloce mentre io guardo le porte che si susseguono.

Penso, ma non lo dico (basta figure di C): Quinta A, quinta B... Strano che le quinte siano nello stesso corridoio delle prime, no?

Faccio spallucce e continuo a camminare. Le mie scarpe da ginnastica bianche nuovissime spiccano sul pavimento nero. Ripenso a quanto tempo ho passato insieme a Jess per decidere l'outfit di oggi.

Dopo tipo tre ore a provare e riprovare combinazioni di gonne, pantaloni, felpe, tute e maglie, io mi sono accasciata sul letto, esausta.

«Serve qualcosa di semplice, che ti faccia sentire a tuo agio, ma che esalti anche il colore dei tuoi occhi e dei tuoi capelli» mi ha detto Jessica, rovistando nell'ultimo ripiano del mio armadio. «Come questa!» ha esclamato, mostrandomi la felpa rosa che indosso adesso, insieme ai miei jeans preferiti.

Intravedo il mio riflesso nel vetro di una finestra. In effetti, il rosa fa risaltare molto il castano scuro dei miei capelli e il verde-grigio dei miei occhi.

Ed è in quel momento che la campanella suona di nuovo e i ragazzi intorno a me spariscono in un lampo nelle proprie classi.

«Oh, merdaccia!» esclamo nel bel mezzo del corridoio.

Sono in ritardo al primo giorno di scuola!

Alle mie spalle, qualcuno tossisce indispettito.

Mi volto ed esclamo di nuovo: «Oh, merdaccia!».

È il preside.

«Signorina...?» e mi guarda con una faccia a metà fra il punto di domanda e il punto esclamativo.

Io rimango immobile, mentre sento che sulle guance mi stanno passando tutte le tonalità del rosso, dal porpora al fucsia.

«Insomma, signorina...?» dice il preside. «Come si chiama? Ce l'avrà pure un cognome.»

«Damiani, mi chiamo Damiani.»

«Signorina Damiani, la pregherei prima di tutto di usare un vocabolario meno colorito e, in secondo luogo, di raggiungere al più presto la sua classe.»

Sì, ma dove sta la mia classe?!

Tavalli fa una pausa così breve che non riesco nemmeno ad aprire bocca per domandarglielo, e mi gela:

«Damiani, prima B se non sbaglio. È nel corridoio sull'altro lato del piano».

E se ne va scuotendo la testa.

Forse facevo davvero meglio ad andarmene in piscina.

Un posto libero

Quando finalmente arrivo davanti alla mia classe, la porta verde è chiusa.

Mi affaccio dalla finestrella che c'è nel mezzo: i miei compagni sono già tutti seduti. Mi sporgo un pochino di lato, anche la prof è già al suo posto di combattimento in cattedra.

E adesso che faccio?, penso per una frazione di secondo.

D'istinto afferro la maniglia e spalanco la porta.

«Buongiorno!» dico con l'aria più naturale che mi riesce, anche se in realtà vorrei solo scomparire dalla faccia della terra. «Scusi per il ritardo.»

Mi blocco dove mi trovo e mi guardo intorno.

Dalla prima fila, quattro ragazze si sono girate ridacchiando, mi sembra di sentire un "Cominciamo bene", o forse è solo una mia impressione. Dall'ultima fila, un ragazzo fa partire un fischio ma la prof, una tipa giovane e piccolina, batte la mano aperta sulla cattedra e lo zittisce subito.

Io continuo a guardarmi intorno e non vedo nemmeno un posto libero. Possibile che io abbia sbagliato classe?

La professoressa deve avermi letto nel pensiero perché mi dice: «Non hai sbagliato classe. C'è un posto lì, accanto alla signorina Lucino».

Seguo il suo sguardo nel centro della seconda fila e lo vedo, in effetti c'è davvero un posto vuoto e io mi ci fiondo, ma facendo molta attenzione a dove metto i piedi. Direi che per questo inizio di stagione, quel disastro di Emma ne ha già combinate abbastanza.

«Tu sei Emma Damiani, giusto?» continua la prof, mentre mi siedo e appoggio lo zaino per terra.

«Sì, sono io» rispondo.

Poi mi giro verso la mia compagna di banco e le porgo la mano: «Piacere di conoscerti!».

A un primo sguardo, questa ragazza sembra il mio esatto opposto: indossa una maglietta coperta di fenicotteri, una grossa collana dorata con pietre celesti, un paio di jeans color fenicottero e soprattutto ha i capelli azzurri.

Mi stringe la mano con decisione, ma anche con delicatezza e mi sorride dicendo: «Piacere! Io sono Anna».

«E ora che ci siamo tutti» riprende la prof «possiamo cominciare a parlare di quello che faremo insieme in questo anno scolastico.»

Un momento, dammi almeno il tempo di tirare fuori l'astuccio, il diario, un quaderno, qualcosa! Comincio a rovistare nello zaino, ma lei ha attaccato a parlare come una mitraglietta e io mi sono già persa metà del discorso.

Anna si avvicina e mi sussurra: «Si chiama Riva ed è

la prof di Discipline grafiche e pittoriche. Ce l'abbiamo tutti i martedì, mercoledì e venerdì».

E mi indica un foglio con l'orario che sta sul mio banco e che io non avevo proprio visto.

«Grazie!» le sussurro in risposta.

«Altrimenti a che servono le compagne di banco.»

Poi sbircia sul mio banco e aggiunge: «Bello il quaderno!».

«Ri-grazie!» le sussurro, orgogliosa. È una delle mie creazioni, pensate apposta per il primo giorno di scuola. Visto il nome del mio liceo, ho ricoperto ogni quaderno con la riproduzione di un quadro di van Gogh. Su questo c'è *I girasoli*, uno dei miei preferiti in assoluto.

Quando suona il cambio dell'ora, Anna e io tiriamo finalmente il fiato.

«Speriamo che non siano tutti così» mi dice lei. «In pratica non respirava fra una parola e l'altra.»

Risucchia in dentro le guance e alza gli occhi al cielo come se fosse sul punto di morire o qualcosa del genere.

Scoppio a ridere e lei si mette a ridere con me. Ha una risata allegra, simpatica.

«Tu come mai sei da sola?» mi domanda, mentre afferra una matita e si mette a scarabocchiare sul bordo della sua stampata con l'orario.

«Sono stata l'unica della mia scuola a scegliere l'artistico e non conosco nessuno qui, né in prima né nelle altre classi» le spiego.

Ci penso su un attimo prima di continuare. E se faccio la figura della sfigata? Forse farei meglio a tacere. Ma guardo Anna, i suoi capelli azzurri e l'impegno con cui scarabocchia, e una vocina dentro di me dice: *Fidati!*

Giocherellando con una ciocca di capelli, abbasso lo sguardo imbarazzata c aggiungo: «Avevo trovato il gruppo su facebook per i nuovi, ma non me la sentivo tanto di iscrivermi».

«Io mi ci sono iscritta, ma forse avrei fatto meglio a evitare» mi dice, alzando lo sguardo dal foglio per un istante.

E accenna con la testa verso le quattro in prima fila che ci guardano e ridacchiano.

«Le conosci?» le domando.

«Buongiorno, ragazzi!»

Il nuovo prof ci interrompe entrando in classe e chiudendosi dietro la porta.

Anna mi risponde sottovoce: «La cosa importante è che non ci siamo finite in banco assieme, no?».

Pesca un quaderno nuovo dallo zaino e sposta il foglio dell'orario verso il bordo del banco. Ed è allora che lo vedo: ha disegnato un piccolo unicorno. Ogni dettaglio è così curato che sembra vero. Il tratto che ha usato per il corno è così sottile e leggero che sembra scintilli.

Prendo la matita e scrivo sotto il disegno: *I love Unicorns.*

E Anna aggiunge: *Ho la sensazione che andremo molto d'accordo*!

Incontri

Lanza, il prof di Italiano, ha continuato a parlare come se la campanella non fosse suonata e, adesso che finalmente siamo usciti anche noi dalla classe, la prima cosa che mi viene in mente ritrovandomi nel caos del corridoio è una frase del *Gladiatore*, il film preferito di mio padre: "Al mio segnale scatenate l'inferno".

Anna e io camminiamo il più vicine possibile per evitare di essere trascinate via dal fiume di gente che ci supera.

Sofia, Mia, Aurora e Gaia, ovvero le quattro tizie in prima fila, starnazzano e ridono dietro di noi in un modo imbarazzante solo per attirare l'attenzione di Mattia, il ragazzo dell'ultima fila che ha fischiato quando sono entrata e che ora si è affiancato a me e Anna e cerca di fare il brillante.

«Attente a non farvi portare via» ci dice, con un'espressione che nelle sue intenzioni credo dovrebbe conquistarci.

Io riesco solo a sorridere imbarazzata (nella classifica delle cose che mi mettono in imbarazzo, un ragazzo che cerca di fare il simpatico è al secondo posto, subito dopo un ragazzo che mi fissa) e Anna fa l'indifferente, così Mattia ci strizza l'occhio in modo abbastanza patetico e allunga il passo giù per le scale, seguito a breve distanza dalle quattro della prima fila che gli gridano: «Aspettaci!».

«A te sembra carino?» domando ad Anna, mentre un tizio quasi mi butta per terra con un colpo di zaino.

Anna fa spallucce: «Se ti piace il tipo "bravo bambino"». E disegna in aria delle virgolette immaginarie intorno alle ultime due parole, prima di prendere il telefono dalla tasca posteriore dei pantaloni e aprire WhatsApp.

«Qualcuno mi sembra molto felice» le dico.

La mia compagna di banco scuote la testa, divertita, e mi mostra lo smartphone: «È mia mamma. Sai, è un po' fuori di testa».

Sullo schermo scorrono le immagini di una specie di cartone animato. La protagonista è disegnata tipo la bambina di Candy Crash, solo che ha i capelli azzurri, la maglietta con i fenicotteri, i pantaloni e tutto il resto identici a quelli di Anna. All'inizio esce da un portone, cammina veloce verso un autobus e ci sale, scende davanti a un altro portone e ci entra. Su un orologio scorrono veloci le lancette dalle 8.30 del mattino alle 12.30. Il portone si riapre e la ragazzina esce alzando le braccia come uno che ha appena vinto una gara.

«Ma sei tu!» esclamo, puntando il dito verso il video.

E a quel punto compare una scritta: COM'È ANDATO IL PRIMO GIORNO?

Anna ridacchia e infila il telefono in tasca: «Mia madre la chiama *Anna la peste*».

«È strabello!»

«Non lo diresti se tua mamma ne facesse uno per ogni tua "giornata speciale"» e disegna in aria un'altra coppia di virgolette immaginarie.

Mi blocco appena fuori dal portone della scuola e fisso Anna con gli occhi sgranati: «Li fa tua madre?».

La cosa più artistica che fa la mia sono i ghirigori sulla lista della spesa.

Anna mi prende per un braccio e mi trascina via un istante prima che la folla mi travolga.

Mentre camminiamo verso la fermata degli autobus nella piazza qui di fronte, mi racconta: «Mia mamma fa l'illustratrice. Non so... Hai in mente le illustrazioni sui libri di scuola?».

Annuisco convinta.

«Quelle le chiama "il pane quotidiano"» – altre virgolette invisibili – «ma dice che un giorno *Anna la peste* diventerà più famosa di *Peppa Pig* e *Masha e Orso* messi insieme, noi diventeremo ricchissime e lei potrà dedicarsi solo alla pittura.»

«Sarà felice che tu ti sia iscritta all'artistico» le dico, sperando che non senta la nota di invidia nella mia voce.

Ho cercato di far capire ai miei che il disegno e tutto quello che riguarda la creatività sono l'unico modo in cui riesco davvero a esprimere me stessa, ma loro hanno fatto lo stesso di tutto per impedirmi di venire in questa scuola, compreso pretendere che mi trovassi un lavoretto per l'estate.

"Per contribuire alle spese per il materiale di arte" mi ha spiegato mia madre.

"È una questione di responsabilizzazione" ha aggiunto mio padre. "Devi capire che ogni scelta ha le sue conseguenze."

Così, ho lavorato al bar della piscina in centro e ho messo via un gruzzoletto che mi permetterà di comprare anche qualche extra oltre al materiale. In più, mi sono abbronzata e ho avuto bagni gratis per tutta l'estate.

Anna accelera il passo sulle strisce pedonali: «Veramente non voleva che facessi l'artistico. Dice che non c'è futuro e cose del genere. Secondo lei, sarei stata un bravo avvocato. Ma mi ci vedi?».

Ci fermiamo alla pensilina degli autobus e la fisso: il sole fa brillare di riflessi incredibili i suoi capelli.

Scoppio a ridere e le dico: «Di sicuro avresti dato un tocco di colore al tribunale!».

E a quel punto Anna diventa seria e distoglie lo sguardo da me.

Lo sapevo, lo sapevo, lo sapevo! Quel disastro di Emma si era trovata una potenziale amica nella landa desolata della nuova scuola e ha già rovinato tutto.

«Non volevo offenderti» mi scuso. «Davvero! A me piacciono un sacco i tuoi capelli. Non...»

Ma Anna non mi calcola proprio. Fissa un punto alle mie spalle e sgrana sempre di più gli occhi. All'improvviso, diventa tutta rossa come se avesse smesso di respirare, abbassa lo sguardo e farfuglia: «Fai l'indifferente! C'è un figo assurdo che viene verso di noi!».

Un momento, fermi tutti. Dov'è che ho già visto questa scena? Prima media, a casa mia, il primo dei nostri venerdì sera "pizza e serie tivù", solo che era Jessica quella a cui stava venendo un arresto cardiaco.

Mi giro ridacchiando: «Ciao, Ale! Che ci fai qui?».

Eccolo, è proprio lui, mio fratello, il bello di famiglia. In realtà, ha i capelli castano scuro e gli occhi grigio-verde come me, ma non so perché su di lui fanno un effetto completamente diverso.

Quando poi scoprono che suona la chitarra e gioca a calcio nella squadra del suo liceo, le ragazze perdono definitivamente la testa. A volte vorrei postare su Instagram una sua foto appena sveglio, chissà se le sue corteggiatrici cambierebbero idea.

Anna alza di scatto la testa e resta pietrificata, mentre Ale si avvicina, dicendo: «Ciao, disastro! Sì, sono contento anch'io di vederti! E prego, non c'è di che per essere venuto a prenderti con la mia bellissima moto, così ti risparmi l'autobus almeno il primo giorno di scuola». E con la mano libera dal casco mi scompiglia i capelli.

«Ehi, smettila! Lo sai quanto ci metto a farli stare a posto» mi lamento.

«Non mi presenti la tua amica?» mi fa lui.

«Ale, lei è Anna» gli dico, indicando la statua che ha

preso il posto della mia compagna di banco. «Anna, lui è mio fratello Alessandro.»

Anna torna all'istante sul pianeta terra, gli stringe la mano ed ecco… tre, due, uno… quello sguardo da pesce lesso.

«Bene!» taglia corto mio fratello. «È stato un piacere conoscerti, Anna.»

Poi si rivolge a me: «Andiamo, disastro? Ho lasciato la moto in una brutta posizione».

Appena è abbastanza lontano da non sentirla, Anna comincia a saltellare: «La mia nuova amica ha il fratello più figo dell'universo!».

«Sì, va bene, ho capito» le dico, quando riesco a smettere di ridere. «Ti inviterò molto spesso a fare i compiti a casa mia, però devi metterti d'accordo con Jess per la questione di mio fratello.»

«Jess, non mi fai paura!» grida lei, sguainando una spada immaginaria. «Un momento? Chi diavolo è Jess?»

«Te lo spiego con calma stasera dopo le nove, adesso devo andare o mio fratello mi uccide» le dico.

Ale, intanto, è già arrivato alla moto e agita in aria il mio casco per farmi capire che devo sbrigarmi.

«Ti mando il mio numero in DM su Instagram» le dico.

«A più tardi! E saluta tuo fratello» mi grida Anna, agitando una mano. «Ciao, amica!»

Io corro via e le grido: «Ciao, amica!».

E sì, ne sono sicura: ho trovato una nuova amica.

Non prendertela, sorellina!

«Piano con quel casco!» mi grida Ale, mentre prendo la mira per lanciarlo sul divano.

Io sbuffo: «È un casco, protegge dalle cadute. Hai presente? Anche se va per terra non si rompe».

A volte mio fratello è morboso con tutto quello che riguarda la sua moto. Sono due corpi, un'anima e un motore. Non mi stupirei se scoprissi che le parla.

Mi rassegno a mettere il casco nella cassapanca dell'ingresso, in perfetto ordine dentro la sua custodia, e solo a quel punto Ale la smette di starmi sul collo e se ne va in cucina.

Mi guardo intorno: la casa è deserta. Mamma e papà sono al lavoro tutti e due, lei al pronto soccorso dell'ospedale (fa l'infermiera) e lui in Questura (fa il poliziotto), e non torneranno prima delle otto.

Quando eravamo piccoli, per non lasciarci a casa da soli, la nonna veniva a prenderci a scuola e ci portava da lei. Poi Ale ha compiuto 14 anni e papà ha deciso che era arrivato il momento di responsabilizzarlo (mio padre è un po' fissato con questa cosa). E giusto perché un po' di responsabilità non ha mai fatto male a nessuno, ha deciso che, mentre mio fratello stava ai fornelli, io avrei dovuto occuparmi della tavola.

Adesso Ale ha 18 anni e io 14, ma le cose non sono cambiate: lui cucina, io apparecchio, la lavastoviglie lava i piatti.

Mentre porto lo zaino in camera, mio fratello grida dalla cucina: «Non mi hai raccontato niente del primo giorno. Com'è andata? Mi pare che tu non ci abbia messo molto a farti degli amici».

Dal corridoio gli rispondo: «Diciamo che è stato un caso».

Torno in soggiorno, apro il cassetto delle tovaglie e ne prendo una pulita.

A casa mia c'è un posto per ogni cosa: il cassetto delle tovaglie in soggiorno (divise per grandezza e occasione d'uso), quello dei carica batterie nell'ingresso, la casetta portachiavi dietro la porta (prima fila: le chiavi di casa, seconda fila: chiavi delle macchine di mamma e papà, terza fila: chiavi del garage e chiavi di scorta delle auto e di casa), un'anta dell'armadio solo per le lenzuola (primo ripiano: letto matrimoniale, secondo ripiano: letto di Ale, terzo ripiano: letto di Emma), un cassetto del mobile del bagno solo per le medicine (divise per tipo) e uno solo, piccolissimo, per la carta e la penna che usa mamma per fare la lista della spesa. A volte mi domando quando verrà inaugurato il cassetto per gli stuzzicadenti.

Ovviamente, guai a mescolare le carte. "Si vive male nel disordine" dice sempre mia madre.

Avrà anche ragione, ma l'ordine è così poco creativo.

Stendo la tovaglia sul tavolo del soggiorno, sperando che mio fratello decida di non fare altre domande, ma la speranza svanisce presto.

«In che senso è stato un caso?» mi chiede, appoggiato a braccia incrociate allo stipite della porta della cucina.

Quando finisco di raccontargli ciò che è successo quella mattina, si sta praticamente rotolando per terra dal ridere. Si degna di smettere solo quando gli squilla il cellulare.

«Ciao, mamma» risponde allegro, asciugandosi i lacrimoni.

Annuisce una volta, due, tre. Io lo guardo in silenzio.

«Sì, è qui» dice, accennando verso di me come se mia mamma potesse vederlo.

Mi avvicino e allungo la mano, pronta a raccontare a mia madre la mia prima mattina da liceale.

«Okay... A stasera» conclude Ale, e chiude la telefonata.

«E io?»

«Dice di salutarti» mi riferisce mio fratello, prima di rimettersi ai fornelli.

«Ma...»

«Non prendertela, sorellina!» mi grida, prima che io riesca a finire la frase.

Adesso sono io che mi appoggio allo stipite della porta con le braccia incrociate e lo guardo.

Va bene, non è che andiamo proprio d'amore e d'accordo, a volte ci strilliamo in faccia ancora come quando eravamo bambinetti, però forse Ale è la cosa più vicina al concetto di famiglia che posso dire di avere.

A volte Jess mi accusa di essere melodrammatica, dice che alla nostra età è normale avere scontri con i propri genitori, ma è ovvio che lei non può capire, è figlia unica e i suoi sono pazzeschi, vivono per lei e la sostengono in tutto quello che fa.

«Lo sai come sono fatti i vecchi» mi dice Alessandro, senza smettere di girare il sugo.

Mio fratello, lui sì che capisce.

Il suono di una notifica sul cellulare mi fa scattare. Forse è la mamma! Ci ha ripensato e mi ha mandato un WhatsApp per chiedermi com'è andata, cosa ho fatto a scuola, un po' di quelle domande da mamma, insomma.

Prendo il telefono e controllo: è Anna! Sono quasi più felice. Mi ha scritto lei in privato su Instagram:

Ciao, amica! Segnati il mio numero.

Registro il numero e le mando subito un WhatsApp:

Ciao, amica! Eccomi qui! ☺

«Hai finito di apparecchiare?» mi domanda Ale, che si prepara a scolare la pasta.

Rispondo con un mugugno, mentre il telefono suona di nuovo. È WhatsApp, ma questa volta non è Anna:

Allora, come è andato il primo giorno? Preparati perché ho un fantastilione di cose da raccontarti! Ci vediamo sotto Pippo un'ora prima dell'allenamento? Tanto mica avrai già i compiti!

«Oookay» commento con un sorriso, immaginando la faccia di Jess mentre mi scriveva il messaggio.

Un fantastilione di cose da raccontarti = ha conosciuto uno carino.

Le mando un pollice alzato giusto un istante prima che mio fratello mi strappi il telefono dalle mani.

«Adesso basta con questo aggeggio! Sai di che cosa avresti bisogno tu, signorina?»

«Di essere responsabilizzata?» butto lì.

«No! Di un bel piatto di pastasciutta!»

E scoppiamo a ridere insieme.

Amicizia è…

Ritrovarci sotto Pippo oggi mi sembra ancora più bello che negli ultimi quattro anni.

Pippo è il nostro posto, mio e di Jess. È un enorme ippocastano che si trova al centro esatto del parco del nostro quartiere, alla stessa distanza dalle nostre case.

Siamo amiche dalla quinta elementare e, tolta la palestra dove ci siamo conosciute e facciamo ancora ginnastica artistica insieme, questo parco è il posto dove abbiamo passato più tempo in assoluto.

Adesso ci veniamo da sole e – che piova, nevichi o ci sia il sole – ci troviamo sempre su questa panchina, ma all'inizio ci venivamo con Elisa, la mamma di Jessica, dopo aver finito i compiti.

La prima volta era inverno, le castagne erano già cadute da un pezzo, ma Jess ne aveva trovata una per caso spostando le foglie secche con un ramoscello.

"Una castagna matta!" aveva gridato. "Matta come te!"

La tengo ancora sul comodino, accanto alla foto della premiazione di una gara in cui avevamo vinto tutte e due l'oro. La cornice della foto, ovviamente, è una delle mie prime creazioni, decorata con un *decoupage* di cuoricini e stelline. Adoro quella foto.

Da quel pomeriggio in poi, per tutta la nostra quinta elementare, Jess ed Elisa saranno venute mille volte a suonare il mio campanello. Io infilavo le scale di corsa, senza nemmeno aspettare che mia mamma o mio papà mi dessero il permesso di uscire.

Andavamo pazze per l'altalena, ci stavamo sopra finché non ci facevano male le gambe a forza di spingerci. E a quel punto, venivamo a sederci sulla panchina sotto Pippo, e parlavamo finché Elisa non decideva che era ora di tornare a casa.

L'idea che Jess mi abbia dato appuntamento qui mi fa tirare un sospiro di sollievo. Quando mi ha detto che si sarebbe iscritta al linguistico, quasi mi mettevo a piangere. In realtà me lo aspettavo, ne avevamo parlato tante volte, anche perché lei ha un talento naturale per le lingue. Ma con questa storia di crescere, cambiare, diventare grandi mi era venuta una gran paura che ci saremmo perse.

Sì, avremmo continuato con gli allenamenti, i venerdì "pizza e serie tivù" e i giri in centro del sabato pomeriggio, ma senza vederci più tutti i giorni come avremmo fatto a restare amiche? Ci sono giorni in cui mi sento così fuori posto nel mondo e Jess è l'unica che sa farmi sentire a casa in quei momenti. Avevo una paura infinita di perderla.

E invece, eccomi qui, con la borsa della palestra, seduta sulla nostra panchina preferita sotto i grandi rami di Pippo.

Alzo lo sguardo verso la sua chioma di foglie: cominciano a ingiallire, ma sono ancora tutte attaccate ai rami.

«Sei bellissimo!» gli grido.

«Anche tu!»

Abbasso lo sguardo: «Jessica!».

Mi corre incontro con la borsa della Stella, la nostra società, che le ballonzola sulla spalla e uno dei suoi soliti outfit impeccabili. Ha un paio di pantaloni a sigaretta blu elettrico, una maglietta a righe bianche e nere, una felpa con piccoli pois dello stesso blu dei pantaloni e scarpe da ginnastica bianche identiche alle mie. Ha raccolto i lunghi capelli castani in uno chignon stretto da un elastico bianco.

Salto giù dalla panchina e le vado incontro urlando: «Ciao, signorina Bon Ton!».

Una delle prime volte che ci cambiavamo negli spogliatoi, mi sono accorta che aveva le mutande coordinate con i calzini, la maglietta e pure l'elastico per i capelli. Di fronte al mio stupore – a dieci anni, mi vestiva mia madre e io non avevo ancora il concetto di vestiti coordinati – lei ha detto: "È questione di bon ton!".

"E che cos'è?" le ho domandato.

"Non lo so, ma la mia mamma dice che è importante."

E da allora le ho dato questo soprannome, un caso più unico che raro, visto che di solito è lei quella che inventa soprannomi per tutti. Io, per esempio, sono Emmatta, unione perfetta, a sentire Jess, di Emma + matta. Per fortuna mi chiama così solo quando siamo da sole.

Jess lancia la borsa per terra e ci buttiamo le braccia al collo, ridendo come due pazze. Facciamo il girotondo, saltiamo, gridiamo come se fossero mesi che non ci vediamo, ma in realtà sono passate meno di ventiquattro ore.

«Racconta tutto!» le ordino, quando ci mettiamo a cavalcioni della nostra panchina, una di fronte all'altra, occhi negli occhi.

«Prima tu, Emmatta!» ribatte lei, ma la conosco, lo so che muore dalla voglia di parlare per prima.

«Oh, niente di interessante» taglio corto. «Pochi maschi e tutti brutti.»

«Te l'avevo detto di venire al linguistico!»

Armeggia un po' con il cellulare, poi me lo mette sotto il naso: «Foto ricordo del primo giorno di scuola».

Mi sporgo in avanti sulla panchina per vedere meglio e...

«Porca vacca, Jess!»

La classe di Jessica è la cosa più vicina alla perfezione che io abbia mai visto. Le ragazze sono tutte strabelle ma con un'aria simpatica, e i ragazzi, be', i ragazzi sono uno più carino dell'altro, soprattutto quello che sorride accanto a Jess.

«Signorina, questo liceo artistico sta avendo una pessima influenza su di lei!» finge di sgridarmi la mia amica.

Le strappo il telefono di mano: «Sì, noi artisti siamo tutti genio e sregolatezza, non lo sapevi? Ma adesso parlami di questo tizio accanto a te, se non vuoi che ti torturi per estorcerti informazioni».

«Lorenzo, ha la nostra età, ha visto tutte le stagioni di *Breaking Bad*, ascolta Ed Sheeran e suona la chitarra» spara senza prendere fiato.

«Ti prego, trovagli un difetto o mi verrà il diabete fra tre, due, uno...»

Jess mi dà un pugno sul braccio e si riprende il telefono: «Smettila! Sei solo invidiosa perché i tuoi compagni sono un incrocio tra Frankenstein e Paperino».

Quando riusciamo a smettere di ridere, Jess si ricompone e mi guarda seria.

«Adesso tocca a te» mi dice. «Quante?»

Io mi schiarisco la voce e alzo una dopo l'altra le dita della mano destra: «Uno e due, parlavo da sola...».

«Come al solito» mi interrompe Jess.

«Tre, mi sono fermata nel bel mezzo del portone di ingresso e nessuno poteva entrare o uscire con me piantata lì...»

«Mi sembra di vederti!»

«E quattro, mi sono persa e sono arrivata in classe in ritardo.»

«Che entrata in scena! Ti avranno notato tutti» esulta Jess, che in fatto di entrate in scena non è seconda a nessuno.

Alla festa di fine anno scolastico ha preteso di arrivare con mezz'ora di ritardo per essere notata dal tipo che le piaceva. Io avrei voluto sprofondare, invece lei sembrava un pesce nell'acqua.

È per questo che siamo così legate, perché siamo diversissime, ma ci capiamo sempre al volo, sappiamo esattamente che cosa pensa l'altra, sappiamo quando ha bisogno di ridere, di essere abbracciata o anche sgridata.

«Solo un tizio all'ultimo banco, Mattia, che si è messo a fischiare come se io fossi una mucca al pascolo» riprendo. «E le quattro della prima fila: Sofia, Mia, Aurora e Gaia. Un mix di simpatia esplosivo» concludo, allargando le braccia con aria rassegnata.

«Tutto qui?» Jessica è incredula. «Possibile che non ci sia qualcuno che si salva?»

Ci sarebbe Anna, certo, ma all'improvviso ho quasi paura di nominarla. In una sola mattina di scuola mi sento già molto legata a lei, sento che fra di noi c'è un'intesa positiva proprio come quella che ho con Jess.

In fondo, per diventare amici basta un minuto, non ci vuole molto di più per capire se c'è sintonia.

E se Jess fosse gelosa? Se pensasse che Anna possa prendere il suo posto?

Mi metto a sedere dritta sulla panchina, prendo un respiro profondo e la guardo nei grandi occhi castani. È la mia migliore amica, siamo state sedute allo stesso banco per tre anni, amiamo la stessa musica, le stesse serie, la ginnastica artistica e lei è stata la prima e l'unica alla quale ho detto che Davide Gelli della prima C mi aveva baciata – il mio primo bacio – in fondo al pullman della gita.

«Emma, mi fai paura» mi dice, grattandosi la testa. «Va tutto bene?»

Al polso ha come sempre il nostro braccialetto. Lo abbiamo comprato la prima volta che siamo uscite io e lei da sole, un sabato pomeriggio all'inizio delle medie. Avevamo fatto un giro in centro con sosta alla pasticceria Vittoria per una fetta di torta ai lamponi e uscendo da lì eravamo state attratte dalla vetrina di un negozietto accanto.

"Come abbiamo fatto a non vederlo prima?" mi aveva detto Jess.

E poi tutte e due in coro: "Guarda!". E avevamo puntato il dito contemporaneamente sui braccialetti che indossiamo ora: due catenelle d'argento con attaccate le due metà di un cuore. Io porto quella che ha inciso sopra *Forever*, e Jess ha quella con *Friends*.

Nessuno potrà cambiare questa cosa, penso.

«La mia compagna di banco si salva» sparo. «È simpatica e carina, disegna da dio, le piacciono gli unicorni, ha i capelli azzurri e si veste in un modo fantastico!»

Jess mi studia un momento in silenzio e mi fa segno con la mano di continuare.

«L'ha conosciuta anche Ale» riprendo.

Solleva un sopracciglio con aria divertita: «Lasciami indovinare! "Oddio, c'è un figo che viene verso di noi!"».

Scoppiamo a ridere così forte che quasi cadiamo dalla panchina.

«Tanto tu hai… come si chiama? Lorenzo!» le faccio io.

«Lascia perdere Lorenzo» ribatte lei, agitando una mano come se scacciasse una mosca. «Piuttosto, una che ha i miei stessi gusti in fatto di ragazzi deve essere almeno un po' simpatica e intelligente. Quand'è che me la fai conoscere?»

Una passione per due

L'autobus svolta nella via della palestra e io mi lancio subito a prenotare la fermata, ovviamente passando sopra i piedi di una signora che mi lancia un'occhiataccia.

Mi fanno male le orecchie e ho la sensazione di essere ubriaca anche se non ho bevuto niente, non ho nemmeno tirato fuori dal borsone la bottiglietta dell'acqua. Guardo Jess in piedi accanto a me: parla ininterrottamente di Lorenzo il Magnifico – il soprannome le è uscito spontaneo – da quando siamo salite, e gesticola con tutte e due le mani come se il bus non stesse per frenare e lei non stesse per spalmarsi sul paletto centrale della porta di uscita. Mi domando come abbia fatto fino a questo momento a non cadere a ogni fermata.

L'autista frena e accosta al marciapiede e le porte si aprono con uno sbuffo. Prima che sia troppo tardi, afferro Jess per la cintura dei pantaloni. Lei ondeggia appena, sgrana gli occhi e si zittisce all'istante, sospesa a un millimetro dal paletto per la frazione di secondo che impiego a tirarla indietro e salvarle il naso da una frattura assicurata.

«No, non ringraziarmi» le dico, prendendola sotto braccio per farla scendere. «Sarà sufficiente che non parli di Lorenzo il Magnifico per la prossima ora.»

Jessica apre bocca per protestare. Non ha ancora detto "Be'...", ma io lo so che sta per lamentarsi, lo fa sempre quando le chiedo di interrompere uno dei racconti fiume che di solito annunciano la nascita di un nuovo amore.

Non so come faccia, ma lei capisce subito quando un ragazzo le piace davvero e se la cosa è ricambiata. Io ci metto di più, sono più riflessiva e soprattutto molto più timida, devo conoscerlo bene prima di dire che sì, forse potrebbe piacermi. Che mio padre mi abbia responsabilizzato un po' troppo?

E poi, in realtà, io ci metto un sacco anche a convincermi che piaccio davvero a qualcuno. Quando mi guardo allo specchio vedo un tale disastro di Emma che davvero non capisco che cosa possa trovare di interessante in me un ragazzo.

Prima che Jessica possa cominciare davvero a lamentarsi, faccio una T con le mani e chiamo un time-out: «Regola d'oro dell'allenamento: quando ci si allena, ci si allena e basta».

Jess richiude la bocca e si arrende: «Scusami, hai ragione! Ti ho ubriacata di chiacchiere. È che Lorenzo è così...».

La guardo storto e le indico l'ingresso della palestra senza aggiungere altro.

Quando spingo la porta, ci ritroviamo immerse nella penombra fresca e silenziosa del corridoio. Dalla palestra arriva il rumore dei tappeti trascinati sul pavimento. Lucia, la nostra allenatrice, sta preparando tutto per gli esercizi di oggi, ma a parte lei non c'è ancora nessuno.

«Wow!» sussurra Jessica.

«È come tornare a casa dopo un lungo viaggio» le faccio eco io.

«Era proprio quello che stavo pensando!» E questa volta è lei a prendermi sotto braccio e a portarmi verso gli spogliatoi.

Dopo le gare provinciali della scorsa primavera abbiamo deciso tutte e due di sospendere l'agonismo almeno per il primo anno di superiori. È stata una scelta difficile, ma il fatto di condividerla l'ha resa meno pesante. Quest'anno Lucia ci ha inserito nel gruppo del non agonismo, così possiamo tenerci in allenamento ed essere anche di aiuto alle ragazze più piccole.

Jess spalanca la porta degli spogliatoi, mi lascia il braccio e mi fa un inchino: «A lei l'onore di inaugurare la stagione, signorina Damiani».

«Sbagliato! La stagione si inaugura insieme!»

Jessica mi segue all'istante e con uno slancio perfettamente sincronizzato lanciamo i borsoni verso la panchina di legno chiaro, la nostra panchina, quella su cui ci siamo parlate per la prima volta.

Avevo già visto Jess in giro per il quartiere – abita a due strade dalla mia –, ma non ci eravamo mai rivolte la parola. Ci capitava di incrociarci soprattutto al pomeriggio, io in macchina con mia madre e lei con la sua, dirette ciascuna al proprio allenamento.

Lei ha cominciato con la danza classica a 4 anni, ma in quinta elementare si è stancata, ha iniziato a trovarla noiosa ed ecco che è arrivata in palestra da noi. Devo ringraziare la sua insegnante, anzi la sua Madame, come la chiama ancora Jess, per averle detto che con la sua base di danza avrebbe potuto tentare la strada della ginnastica artistica.

Il primo giorno alla Stella, l'ho trovata seduta su questa panchina con lo chignon più perfetto che avessi mai visto in vita mia. E dire che mia mamma ci provava, eccome se ci provava a ogni gara a farlo venire così, proprio così, ma niente, era impossibile.

A quel punto che cosa avevo fatto? Una figura di C, naturalmente.

"Mia mamma dice che è maleducazione fissare le persone" mi aveva fatto notare Jessica.

Io ero avvampata e avevo cominciato ad agitare le mani in preda all'imbarazzo: "No… scusa! È che i capelli… Ecco…".

Da quel momento siamo diventate inseparabili, e poi praticamente indivisibili quando siamo finite nella stessa classe e nello stesso banco alle scuole medie.

I borsoni disegnano una parabola perfetta dalla porta fino al centro della stanza e atterranno esattamente dove devono atterrare, uno accanto all'altro in mezzo alla panchina.

«Centro!» gridiamo in coro.

«Bentornate, ragazze!» ci fa eco Lucia dal fondo del corridoio.

Ci cambiamo in fretta e corriamo in palestra.

«Arrivo prima io!» grida Jess. Ed è già scattata in avanti, senza darmi il tempo di reagire.

«Così non vale!» mi lamento, e cerco di starle dietro ma ormai è arrivata sull'ingresso della grande sala in cui ci alleniamo.

La raggiungo sulla porta e restiamo lì un attimo immobili, una accanto all'altra con le spalle che si toccano, a guardare la trave – la mia specialità – e la pedana del corpo libero – la specialità di Jess – come se fosse la prima volta che le vediamo.

Lucia ci saluta dal fondo della palestra agitando una mano: «Avanti, pelandrone! Il fatto che non siano ancora arrivate le altre non vuole dire che voi non possiate cominciare a correre!».

Jessica e io ci guardiamo e ce lo leggiamo negli occhi: sarà dura tenere insieme tutto, ma non rinunceremo mai alla ginnastica artistica perché è a lei che dobbiamo la nostra amicizia.

Sono a casa!

Una delle cose che mi piace di più dell'estate sono le giornate lunghe e piene di luce, quelle in cui sembra che non sia mai ora di tornare a casa e andare a cena. Certo, ora che è settembre cominciano un po' ad accorciarsi ma alle otto, quando arrivo a casa dall'allenamento, le scale del mio palazzo sono ancora inondate di sole e mi sembra di avere davanti un'intera giornata di cose da fare.

Salgo i gradini a due a due, apro la porta e grido: «Sono a casa!».

Mi accoglie il profumino di qualcosa che cuoce nel forno.

«Ciao, Emma!» mi risponde mia madre dalla cucina.

Non riesco a capire se abbia preparato la pizza o la focaccia, ma poco importa, tanto mi piacciono tutte e due.

«Non lasciare il borsone nell'ingresso e metti in lavatrice le cose sporche dell'allenamento» aggiunge subito.

Avrà montato delle telecamere per controllarmi o avrà sviluppato un particolare sesto senso contro il disordine? Raccolgo il borsone che avevo già abbandonato sulla cassapanca nell'ingresso e lo trascino in bagno, anche se è proprio l'ultima cosa che ho voglia di fare.

Mentre riempio la lavatrice, sento il cigolio dello sportello del forno e il profumo di quello che ci sta cuocendo dentro si spande definitivamente per tutta la casa.

Parto al grido di «La pizza!», mi fiondo in cucina e un secondo dopo la mamma mi sta già tirando uno schiaffetto sulla mano che ho allungato sui tranci che ha cominciato a tagliare e ammonticchiare nel grande piatto di ceramica con scritto PIZZA (un giorno tutto questo ordine e questa organizzazione mi uccideranno, lo so).

«Sono pulite quelle mani? Non ho sentito scorrere l'acqua del lavandino dopo che hai riempito la lavatrice» mi dice. E mi guarda con il sospetto che mi riserva solo quando crede che io stia contaminando tutto quello che tocco con non so più quali germi.

La tentazione di sbuffare è fortissima, ma mi trattengo e mi sciacquo le mani nel lavandino della cucina.

«Ale non c'è?» le domando, mentre con un gesto rapidissimo me le asciugo sui jeans, prima che lei si volti.

«Aveva le prove con il gruppo» mi risponde, ma a quel punto io sono già seduta al minuscolo tavolo e la guardo con un gran sorriso.

«Non torna per cena» aggiunge.

E bravo il fratellone che con la sua chitarra stasera si salta la cena di famiglia.

«Com'è andata oggi?» le domando, afferrando un'albicocca dal cestino della frutta, visto che con la pizza non ho avuto fortuna.

«Tutto come al solito.»

Si zittisce e rimane un istante a guardarmi soprappensiero, come se mi vedesse attraverso.

Nonostante il grembiule da cucina, la camicetta stropicciata e i pantaloni larghi che la fanno sembrare la donna grassa che non è assolutamente, trovo che mia madre sia bella.

La mamma di Jess si cura molto, ci tiene a vestirsi bene e a essere sempre truccata e pettinata in un certo modo. A giudicare dalle foto di quando i miei erano giovani, mia madre non è mai stata così, ma se lo fosse anche solo un pochino, sono sicura che sarebbe molto più bella di Elisa.

Ha i capelli mossi come me. Fino all'anno scorso erano anche castano scuro come i miei, ma da quando hanno cominciato a diventare bianchi se li schiarisce e li tinge di biondo. Se li raccogliesse, invece di lasciarli sciolti sulle spalle senza dargli un senso, i suoi occhi azzurrissimi risalterebbero molto di più. E poi, ha questo naso piccolissimo con la punta perfetta – che, grazie al cielo, mio fratello e io abbiamo ereditato (mio padre ha un naso enorme che nella mia faccia sarebbe stato malissimo) – e una bocca così bella che sembra finta.

«E tu?» mi domanda. «Com'è andato il primo giorno di scuola?»

Ho giusto il tempo di dire: «Bene! Ho una compagna di banco troppo simpatica che si chiama Anna», che lei sta già armeggiando nel frigorifero in cerca di chissà che cosa.

«Mamma, mi stai ascoltando?»

«Sì, certo… la compagna di banco simpatica che si chiama Alba» risponde, con la testa ancora infilata nel frigo.

«Anna! Si chiama Anna!» puntualizzo. «Lo vedi che non mi stavi ascoltando?»

La porta del frigorifero si chiude con un colpo secco. Mia madre si gira e io mi rendo subito conto di aver superato il limite.

«Prima di tutto, questo tono non mi piace.»

Vorrei scomparire. Perché ci casco sempre? Perché non riesco a controllarmi? Apro bocca per scusarmi, ma lei alza una mano e non me lo permette.

«In secondo luogo, vorrei che ti fosse chiara una cosa: quando tuo padre e io ti chiediamo della scuola, non lo facciamo perché tu ci aggiorni sul gossip della classe, ma per capire che cosa fai *tu* a scuola» e dice quel "tu" come se mi stesse accusando di qualcosa.

Abbasso lo sguardo e incurvo le spalle. Lucia si metterebbe a urlare se mi vedesse: "La postura!". Mi sgrida sempre, ma lei non conosce i miei genitori. Ci sono momenti in cui riescono a dire parole tanto dure che me le sento pesare tutte addosso.

«Tanto per cominciare, dopo cena voglio vedere l'orario scolastico. E poi, mettitelo bene in testa: alla prima insufficienza, siamo pronti a ritirarti e a mandarti al liceo scientifico con tuo fratello. Questo liceo artistico» e alza gli occhi al cielo con un'aria tra l'esasperato e lo strafottente «è solo una gran perdita di tempo e te ne renderai conto molto presto.»

So che ha finito perché sento i suoi passi che si allontanano, il cassetto che sbatte in soggiorno e lo svolazzare della tovaglia che si posa sul tavolo.

Alzo la testa, prendo un respiro profondo e guardo il cellulare. Sullo schermo è rimasta l'impronta della mia mano sudata. Lo sblocco, mi ha scritto Anna:

Promemoria per la mia nuova amica con il fratello figo: devi raccontarmi chi è Jess (che non mi fa paura!). Ti aspetto dopo le nove. Guarda che manca poco...

La porta di casa che sbatte mi fa saltare sulla sedia.

«Ciao, tesoro!» Mio padre sembra di buonumore, almeno lui. «Cos'è quella faccia?»

Mia madre non risponde, me la immagino che fa un cenno con la testa verso la porta della cucina. Quando si arrabbia lo fa sempre, alza il mento e indica cose e persone come se all'improvviso fosse diventata muta o qualcosa del genere.

Infatti, tre, due uno... la testa pelata e il pizzetto rosso di mio padre spuntano dalla porta. È ancora in divisa.

«Buonasera, signorina» e si avvicina sospettoso, ma mi dà lo stesso un bacio in fronte.

«Ciao, papà!»

Ha ancora addosso l'odore della macchina di servizio, un misto di plastica, benzina e qualcosa che non riesco a capire.

«Adesso vado a farmi una doccia, ma a tavola mi spieghi bene che cosa è successo con la mamma» mi dice, prima di sparire così come è apparso.

Sono le dieci e un quarto, minuto più, minuto meno, e sono esausta.

Da quando è cominciata la mia lotta per iscrivermi all'artistico, parlare con mamma e papà di questo argomento è un'impresa così complicata che tante volte, compresa stasera, mi sono domandata se non valga la pena lasciar perdere.

Quando stasera papà mi ha detto "Sottoscrivo esattamente quello che ti ha già detto tua madre: alla prima insufficienza, vai allo scientifico con tuo fratello", avrei voluto alzare le braccia e gridare: "Mi arrendo! Non spararmi! Mi arrendo!".

Invece, me ne sono stata zitta, fissando la sedia vuota di Ale e pensando che forse se ci fosse stato anche lui se ne sarebbe uscito con la sua solita protesta – "Non ce la voglio nella mia scuola!" – e la questione si sarebbe chiusa con la sua risata.

Adesso ho la testa pesante e avrei solo voglia di dormire, ma sono così nervosa che non credo ci riuscirò nemmeno fra tre ore.

Jess cerca di distrarmi inoltrandomi in tempo reale i

messaggi che Lorenzo il Magnifico le sta mandando su WhatsApp. E la cosa mi fa ricordare che avevo promesso ad Anna di spiegarle chi è Jess.

Prendo le cuffiette, apro Spotify e faccio partire random la mia playlist per le serate storte. La voce di Yael Naim mi riempie le orecchie e mi sento un po' più leggera: *I'm a new soul, I came to this strange world hoping I could learn a bit 'bout how to give and take.*

Leggo un altro messaggio di Lorenzo il Magnifico e consiglio Jess sulla risposta da dargli e, mentre aspetto che lui le risponda, mando un messaggio ad Anna:

Sono ancora in tempo per spiegarti chi è Jess?

Anna sta scrivendo…

Abbiamo tutta la notte, baby!

Quando?

La campanella dell'intervallo suona come una liberazione. Sono solo quindici minuti – che diventano tredici se ci togli i due minuti della fila per il bagno – ma in questo momento ci sembra di avere davanti ore di libertà.

«Ricordami, quanti secoli fa è cominciata questa tortura?» mi chiede Anna, mentre usciamo dalla classe.

«Due settimane esatte» le rispondo, e intanto faccio segno a Mattia, Nicholas e Davide che sì, ci troviamo alla macchinetta. «Se andiamo avanti così non arrivo viva al mese prossimo.»

Sapevo che il liceo artistico non sarebbe stato solo disegnare, progettare e fare cose creative, all'Open Day erano stati molto chiari, ma speravo che almeno all'inizio i ritmi sarebbero stati un po' meno stressanti. Invece, lavoriamo già a pieno regime ed è tutto così diverso dalle scuole medie che anche la Storia e la Geografia sembrano fantascienza. E poi, due giorni usciamo alle due, in uno abbiamo tre ore al pomeriggio e io ho anche allenamento due pomeriggi a settimana. Se non fosse che al sabato si finisce a mezzogiorno, forse sarei già morta.

Il bagno è talmente pieno che si è formata una doppia fila, le ragazze chiacchierano tutte a voce alta e nessuna si volta quando entriamo. Sara, una della prima A che era alle medie con Anna, ci saluta da lontano.

«Sara mi ha chiamata ieri» mi racconta la mia amica «ed è disintegrata come noi. Lo sono tutti nella mia vecchia classe. Non credevo che le superiori fossero così massacranti!»

Io non posso che confermare: «A chi lo dici. Solo Jessica continua a dirmi che non è vero».

D'altronde, Jess è sempre stata super organizzata anche alle medie, e in più al linguistico si trova come un pesce nell'acqua. Pensandoci bene, dov'è che Jess non si trova perfettamente a suo agio? Vorrei avere un millesimo della sua sicurezza e della sua capacità di capire sempre le cose al volo e di sapersi trovare sempre a proprio agio in qualsiasi posto e in qualsiasi condizione.

La fila procede e Anna si sposta in avanti. «A proposito di Jessica» mi dice con un sorrisino divertito «quand'è che me la fai conoscere? Così ci sfidiamo per il cuore di tuo fratello una volta per tutte!»

E sguainando la sua spada immaginaria, urta la ragazza davanti a sé.

Quella si volta con aria inviperita e io le sorrido, rossa per l'imbarazzo, e allargo le braccia come per dire "Porta pazienza, è un po' matta".

«Ti ci metti anche tu?» le sussurro. «Non bastano le figure di C che faccio da sola?»

Anna fa spallucce. Se c'è una cosa che ho imparato subito di lei è che è pazza. Le viene voglia di mettersi a saltare alla fermata dell'autobus? Salta anche se schiaccia i piedi a tutti. Pensa che un tizio sia carino? Glielo dice e non arrossisce nemmeno. Trova che una le stia sulle scatole? La manda a quel paese senza preoccuparsi delle conseguenze. È diretta, un po' come la mia Jess, solo che lo è in un modo assolutamente folle e creativo. Non è un caso se in classe, a parte me e altre quattro o cinque persone, non ha ancora legato con nessuno. Ci vuole tempo per apprezzarla, bisogna andare oltre l'apparenza e al primo impatto non è facile per tutti.

Sarà per questo che ho un po' paura di farla conoscere a Jessica? Penso alla faccia che farebbe la signorina Bon Ton di fronte ai capelli e ai vestiti di Anna. Non che lei sia il tipo che si ferma alle apparenze, ma di sicuro Anna è molto più fuori dal comune di tante altre ragazze che conosciamo.

«Be'? Cos'è quella faccia?» riprende la mia amica.

«No, niente!» rispondo, tornando sul pianeta-bagno. «Pensavo a Jess.»

«Confessa!» mi intima, puntandomi contro la spada immaginaria che pare non avere ancora deposto. «Jessica ha paura di me!»

Oh, al diavolo! Prendo il telefono e apro WhatsApp.

«Tu ci saresti sabato pomeriggio?» domando ad Anna, alzando lo sguardo dal telefono.

«Io ci sono sempre quando si tratta di battersi per il mio amato!»

Prima che io possa pentirmi di averlo chiesto, scrivo in fretta a Jess:

E se sabato pomeriggio uscisse con noi la mia compagna di banco?

«Tocca a te!» grida la ragazza dietro di noi.

«Vado incontro al mio destino!» esclama Anna, abbassando la spada e infilandosi nel bagno.

Scuoto la testa e sospiro. Come fa a essere sempre così teatrale?

Il telefono vibra, Jess ha già risposto:

Chi? Quella con i capelli azzurri?

Cominciamo malissimo.

«Tu non devi andare?» mi domanda la ragazza che poco fa ha gridato dietro ad Anna.

«No, vai pure» ed esco dal bagno con il telefono in mano e lo stomaco chiuso.

Centro al Centrale

Alla fine ho scelto un campo neutro, un posto che non è legato né a Jess né ad Anna.

Certo, con Anna è stato più facile perché ci conosciamo da poco e, a parte la scuola e il viaggio in autobus, non siamo ancora andate da nessun'altra parte. Con Jess, invece, usciamo insieme praticamente da quando abbiamo cominciato a farlo senza i nostri genitori, quindi abbiamo un posto preferito più o meno in ogni angolo della nostra microscopica città.

A parte la pasticceria Vittoria e la sua torta ai lamponi, ci sono il Bar Sport di fronte alla palestra, dove ci troviamo a volte prima o dopo gli allenamenti, il Moccaccino e la sua spettacolare cioccolata con panna durante l'inverno, la creperia all'angolo vicino alla nostra vecchia scuola e almeno un'altra decina di posti dove ci fermiamo anche solo a bere un succo di frutta o un caffè (io adoro il caffè!) a seconda di dove ci porti lo shopping.

Quindi, restava solo il Centrale, un bar che a vederlo adesso mi sembra un po' troppo squallido per un primo incontro fra quelle che considero le mie due migliori amiche e che vorrei, incrocio le dita, lo diventassero anche fra di loro.

Già il fatto che sia sabato pomeriggio e qui non ci sia l'ombra di una compagnia, non un ragazzo o una ragazza che prenda, che so, anche solo un bicchier d'acqua, mi fa sospettare che la mia scelta non sia stata proprio geniale. Ma pazienza.

«La cosa importante è che stiamo tutte e tre insieme» mi dico ad alta voce.

«Da quando parli da sola anche senza musica?»

Scatto sulla sedia come se mi avessero dato la scossa: «Jess! Vuoi farmi morire di paura?».

La mia amica è spuntata da una porticina laterale che non avevo visto. Al sabato esce sempre a pranzo con i suoi, per questo non siamo venute qui insieme.

«In questo posto rischi di morire prima di bruttezza» ribatte lei, sedendosi di fronte a me.

Da dietro il bancone il barista ci grida: «Volete ordinare?».

«Aspettiamo un'altra amica» rispondo, mentre lui borbotta qualcosa e infila un cestello di tazzine e bicchieri nella lavastoviglie.

«Un'altra *tua* amica» precisa Jess.

Ora che si è tolta il giacchino di pelle mi accorgo che si è messa il vestito viola di cotone con la collana in tinta che abbiamo comprato prima che partisse per le vacanze. "Qualcosa di nuovo per nuove avventure" aveva detto davanti alla vetrina del negozio. La commessa le aveva fatto mille complimenti per come le stava, e aveva ragione, le sta davvero benissimo.

«Questo vestito ti fa sembrare più grande, lo sai?» le dico.

A quanto pare, non sono io l'unica preoccupata per questo incontro. Come ho fatto a non pensarci? Jess e io siamo inseparabili, siamo l'una per l'altra la sorella che non abbiamo avuto. Adesso spunta fuori Anna e lei avrà la mia stessa paura, forse anche di più perché nella sua classe sono tutti tanto carini, ma lei non è entrata in confidenza con nessuno in particolare.

«Credo che la tua amica sia arrivata» bofonchia Jess, accennando verso la porta.

E, in effetti, quando alzo lo sguardo Anna sta agitando una mano nella nostra direzione.

Anche lei ha dato il meglio di sé: i capelli hanno riflessi viola nuovi di zecca, la maglietta bianca con l'arcobaleno ha lasciato il posto a una rosa carico con un gigantesco unicorno e i jeans sono stati sostituiti con un paio di pantaloni azzurri piuttosto larghi.

«Ma da che pianeta è uscito questo posto?» dice a voce alta.

Jess inarca le sopracciglia e guarda verso il bancone: «Ora che ti ha sentita, viene a spiegarcelo direttamente il barista».

Meglio intervenire: «Jess, ti presento Anna, la mia compagna di banco».

«E sua nuova amica "artistica"» aggiunge lei, virgolettando l'ultima parola prima di tendere la mano a Jessica.

«E io sono la sua migliore amica senza virgolette» risponde Jess.

Okay, la partenza non è stata proprio il massimo, diciamo che ci sono ampi margini di miglioramento.

Alzo una mano per attirare l'attenzione del barista, che ovviamente adesso ha proprio smesso di considerarci, neanche facessimo parte dell'arredamento.

«Voi che cosa prendete?» domando alle mie amiche.

Jess e Anna giocherellano un po' con il menu, indecise.

«Coca per tutti?» faccio io. E quando mi arrivano due mugugni, non so se di approvazione o meno, d'istinto grido l'ordine al barista.

«Che polmoni, la ragazzina!» commenta uno dei vecchietti che giocano a carte al tavolo accanto al nostro.

Io avvampo per l'imbarazzo. Se spegnessero la luce potrei illuminare a giorno tutto il locale.

Jess e Anna scoppiano a ridere contemporaneamente, ridono proprio di gusto, ridono... di me!

«Quando avete finito, fatemelo sapere» protesto, ancora più rossa di prima.

Ma loro niente, continuano. Anzi, Jess rincara la dose: «Figura di C numero uno del pomeriggio!».

E Anna le va dietro a ruota: «Secondo te, a quanto arriviamo ora di sera?».

Il barista arriva con la nostra ordinazione e ci si mette pure lui: «Tre coche per la signorina con i polmoni d'acciaio!».

E a quel punto Jess e Anna scoppiano a ridere di nuovo e si scambiano un cinque al grido di: «Numero due!».

Un momento… Ma fino a un attimo fa non si guardavano storto?

Jess si asciuga i lacrimoni che le sono venuti a forza di ridere e mi dice: «Avevi ragione, sai? La tua compagna di banco è proprio simpatica».

Anna fa una specie di buffo inchino, come se fossimo a un ballo di non so quale epoca e non sedute al tavolo di questo posto assurdo.

«A me non pare che ci voglia una gran simpatia a ridere delle mie figure di C» protesto, ma sulla faccia mi si allarga un gran sorriso.

Primo teorema di quel disastro di Emma: sii sempre te stesso, anche se sei un vero disastro, perché chi ti vuole bene saprà sempre ridere con te e non di te.

«Ad Anna, l'amica artistica con le virgolette!» dice Jessica, alzando il bicchiere della coca.

Anna ci fa tintinnare contro il suo e aggiunge: «A Jessica, l'amica senza virgolette ma simpatica come se le avesse!».

Fanno un sorso tutte e due, posano i bicchieri sul tavolo e si guardano un istante.

Quando penso che stia di nuovo per scoppiare la terza guerra mondiale, Jessica apre bocca e dice: «Ero un po' gelosa di te, sai? Ci conosciamo dalla quinta elementare e sono stata la sua compagna di banco per tutte le medie».

Anna fa spallucce: «Tranquilla, ero gelosa anch'io di te. Il vostro è un legame speciale, e io non ne ho mai avuto uno così con nessuno».

Secondo teorema di quel disastro di Emma: mettete due persone molto sincere e dirette nella stessa stanza e, qualsiasi sia il problema da affrontare, loro lo risolveranno.

«Okay» intervengo «adesso basta o mi si cariano i denti in tre, due, uno...»

«E smettila con questo conto alla rovescia!» rispondono in coro Anna e Jess, prima di appallottolare due tovagliolini di carta e tirarmeli addosso.

E adesso sì che posso urlarlo, alla faccia delle figure di C: «Aiuto! Le mie migliori amiche sono pazze!».

Il barista alza gli occhi al cielo, il vecchietto commenta con un fischio e Jess e Anna mi lanciano altri due tovagliolini appallottolati.

Credo di non essere mai stata tanto felice in vita mia.

È geniale!

«Non ho capito perché la Spietata vi costringa a impararli a memoria in questo modo» salta su Jessica, scorrendo i cinque fogli di vocaboli che la prof di Inglese – che si chiama Gandolfi, il soprannome è ovviamente opera di Jess – ci chiederà domani nel compito in classe.

Sono passate quasi tre settimane dal nostro sabato pomeriggio al Centrale e il nuovo trio, che Jess non ha ancora stranamente ribattezzato, funziona così bene che oggi ci siamo trovate tutte insieme a casa mia dopo la scuola per preparare questo benedetto compito. Jess si è offerta di darci una mano e noi due ne siamo state più che felici, soprattutto io che non riesco a tenere a mente nemmeno un quarto di quella lunghissima lista.

«Ma che domanda è?» ribatte Anna. «Fai il liceo linguistico, li imparerete a memoria pure voi i vocaboli. O al primo giorno vi impiantano nel cervello un chip con il dizionario completo e siete a posto per tutto l'anno?»

Ha faticato a superare l'idea che proprio oggi mio fratello sia rimasto a scuola per l'allenamento della squadra di calcio, ma ora pare aver ritrovato il suo ottimo umore.

«Il Biondino ci fa ascoltare le canzoni e ce le fa tradurre» spiega Jess con aria paziente «così i vocaboli ci restano in testa senza fare sforzi particolari.»

«Mh… interessante… Hai scoperto qualche cantante russo che vale la pena?» domanda Anna, seriamente interessata.

«Purtroppo la Zarina non usa lo stesso metodo, ma…»

«Possiamo tornare sui vocaboli?» esplodo. «Io non me ne ricordo nemmeno uno e voi ve ne state lì tranquille a sparare cagate sui cantanti russi!»

Sedute una di fronte all'altra, le mie due amiche si zittiscono all'istante e mi guardano con gli occhi sgranati. Poi si guardano fra di loro. Poi guardano di nuovo me.

«Va tutto bene, Emma?» mi domanda Jess, con l'aria di un elefante che cerca di farsi strada in un negozio di porcellane.

«C'è qualcosa che ti preoccupa?» aggiunge Anna.

Oggi questa nuova alleanza sembra nata per farmi saltare i nervi.

«Qualcosa che mi preoccupa?» ripeto. «Solo una cosa! Solo questo stramaledettissimo compito in classe!»

E appena vedo gli sguardi delle mie amiche, mi pento di aver alzato la voce. Non so come faccio, ma quando ho paura e mi sento particolarmente sotto pressione, riesco sempre a dire la cosa sbagliata al momento sbagliato e a ferire qualcuno. Ma prima che io possa scusarmi Jessica ha già capito tutto.

«Non ti sembra di esagerare?» ribatte, senza perdere

la pazienza. È il suo modo di dire "Okay, c'è qualcosa che non va. Ma se non mi dici che cosa non posso aiutarti".

«È solo il primo compito in classe, anche se dovesse andare male puoi sempre recuperare.» Adesso anche Anna cerca di tranquillizzarmi.

Ma non fa in tempo a finire la frase che Jessica sobbalza sulla sedia: «È per i tuoi, vero?».

Centro! Vorrei dirle di sì, che ha ragione, è per quello, è per la paura che ho di quella minaccia sospesa sulla mia testa: basta un'insufficienza e te ne vai allo scientifico. Vorrei dire a tutte e due che è un mese che a ogni interrogazione sudo freddo al pensiero che i prof possano chiamare me, ed è una cosa bruttissima che alle medie non mi è mai successa. Vorrei dire a tutte e due che ho bisogno di aiuto, di un abbraccio, di una bugia, di qualcuno che mi dica che andrà tutto bene e io potrò continuare la scuola che ho scelto, che voglio frequentare per i prossimi cinque anni.

Vorrei, certo, vorrei, ma tutto ciò che riesco a fare è scoppiare in un pianto dirotto. I singhiozzi mi scuotono dalla punta dei capelli alla punta dei piedi e tremo come se all'improvviso la temperatura fosse scesa sotto lo zero.

Jess e Anna mi sono subito accanto, mi stringono in un abbraccio caldo che scioglie il nodo di paura che ho dentro.

«Hanno detto» spiego, appena riesco a riprendere il controllo su me stessa «che alla prima insufficienza mi mandano allo scientifico, ma io non voglio andarci.»

Anna si scioglie dall'abbraccio e mi fissa. È disorientata: «Mi hai detto che non erano d'accordo sulla tua scelta, ma non pensavo che la cosa fosse in questi termini».

Jessica prende la sedia e la trascina vicino alla mia: «Diciamo che i genitori di Emma non sono dei tipi particolarmente comprensivi».

Prendo un fazzoletto di carta dalla tasca davanti dello zaino e mi soffio il naso rumorosamente.

Jess non mi perde di vista un attimo, Anna ha un'aria pensierosa.

«Già le materie nuove sono tutte complicate» mi sfogo «ci sono un sacco di compiti da fare, le interrogazioni da preparare, e gli allenamenti che non voglio perdere. In più ci si mettono loro a controllarmi le insufficienze. Io non ne posso più!»

Mi soffio di nuovo il naso con forza e concludo: «Ma forse hanno ragione, forse questa scuola non fa per me. Credevo di aver trovato la strada giusta per esprimermi, e invece non faccio altro che stare piegata sui libri. Da quando è cominciata la scuola non ho più nemmeno il tempo di disegnare. Guardate i miei quaderni!». Afferro quello di inglese e lo lancio in mezzo al tavolo, con rabbia. «Ha la stessa copertina con cui l'ho comprato! Vi rendete conto? Non ho avuto il tempo di ricoprirlo, decorarlo, niente di niente!»

E scoppio di nuovo in un pianto dirotto.

Jess si allunga e mi abbraccia più stretta di prima. La mia sedia gratta sul pavimento quando mi stringe a sé.

«Ce l'ho!»

Sobbalziamo tutte e due, rischiando di capovolgerci con le rispettive sedie.

«Ma sei impazzita?» protesta Jess, mentre io resto in silenzio perché sono ancora senza fiato per lo spavento.

«So come fare! So come mettere insieme l'arte e i voti» annuncia Anna, facendo una piroetta su se stessa con l'aria trionfante di chi ha appena superato un livello complicatissimo di un videogioco.

È pazza, ora ne sono certa, ma è il suo bello.

Si mette a sedere, posa le mani aperte sul tavolo e attacca: «Come prima cosa, adesso ripetiamo questi vocaboli finché... finché... finché non abbiamo più saliva per sputare come un lama!».

Jess e io ci mettiamo a ridere. Il paragone è strambo, ma rende bene l'idea.

«Domani facciamo quel compito in classe a occhi chiusi! E come minimo ti porti a casa un 8. Che cosa ci scommetti?» continua.

«Magari!» faccio io, e mi asciugo le lacrime con il dorso della mano.

«E all'intervallo, quando il compito in classe sarà morto e sepolto, ce ne andiamo a iscriverti al laboratorio extra di arte» conclude, soddisfatta.

Già, il laboratorio di arte... Sospiro come un'innamorata abbandonata.

«Quale laboratorio di arte?» domanda Jess.

«Il prof Carpi e la prof Riva fanno un laboratorio extra

curriculare di Arti applicate e Scenografia» le spiego. «È aperto a tutte le classi.»

«A dicembre ci sarà la festa di Natale e chi vuole può aiutare a preparare gli addobbi, le scenografie per il palco e tutto quello che può servire a "creare l'atmosfera"» aggiunge Anna, virgolettando.

«Chi partecipa avrà una specie di "bonus"» e questa volta mi lascio trasportare e sono io che virgoletto «sulla pagella del primo quadrimestre sia in Pittura che in Scultura.»

«E soprattutto» conclude Anna, alzando un sopracciglio con aria furba «quelli che partecipano al laboratorio potranno programmare le interrogazioni delle materie del giorno dopo.»

Jessica salta sulla sedia: «Ma è perfetto! Potrai fare tutti quei pasticci artistici che ti piacciono tanto e che metti sempre su Instagram, avere un voto più alto in Pittura e Scultura e programmare almeno una parte delle interrogazioni. È geniale!».

«Sì, lo so, a vedermi così non si direbbe» ribatte Anna con falsa modestia.

«Veramente io parlavo del laboratorio...»

Anna arriccia il naso e fa una boccaccia a Jessica, che risponde nella stessa maniera. E io non posso fare a meno di scoppiare a ridere.

«E adesso sotto con questi vocaboli, miei piccoli Geni della Lampada!» conclude Jess.

Lo sapevo che lo avrebbe trovato il soprannome giusto, prima o poi.

Lupi e unicorni

Anna si guarda intorno come se fosse appena atterrata su Marte o qualcosa del genere, e in effetti anch'io ho la sensazione di essere sbarcata su un pianeta sconosciuto: l'aula magna è davvero irriconoscibile.

La settimana scorsa ci siamo venute con tutta la classe per la prima assemblea d'istituto e siamo rimaste stupite per quanto è grande, con un sacco di posti a sedere e un impianto audio e video che si può usare anche per proiettare film come al cinema. Oggi, però, è così piena che sembra piccolissima: praticamente tutta la scuola si è infilata qui dentro per iscriversi al Laboratorio extra di Arte e Scenografia.

Riconosco il ragazzo che il primo giorno si toccava la tempia e rideva di me insieme ai suoi amici e anche la ragazza che mi ha chiesto di spostarmi dall'ingresso. Intravedo Sara, l'ex compagna di Anna, e un gruppetto di quelle di quinta che troviamo di solito alla macchinetta (l'unica del piano sta nella loro metà di corridoio).

«Sei sicura che sia una buona idea?» chiedo alla mia

amica, mentre ci mettiamo in fondo a una fila così lunga che in confronto quella per il bagno sembra inesistente.

Non so perché, ma stare in coda in mezzo a così tanta gente mi fa sentire un po' a disagio.

Lei mi prende sotto braccio: «Non pensare di scappare adesso, sai?».

«Ma abbiamo solo un quarto d'ora d'intervallo, non ce la faremo mai!» protesto, indicando con il braccio libero la folla intorno a noi. «Non hai nemmeno un po' di pietà? Abbiamo appena finito il compito di inglese. Devo ancora riprendermi...»

E mi perdo un istante a domandarmi se rivista si scrive *review* o se ho invertito la v con la w.

Anna scuote la testa, spazientita: «Tu ti fidi della tua amica Anna?».

Annuisco.

«La tua amica Anna ti ha mai mentito? Preso in giro? Imbrogliato?»

Faccio no con la testa.

«E allora, basta lamentarti e resta in fila prima che ci freghino il posto» conclude, facendo un passo avanti e guardando dritto davanti a sé.

Ormai la conosco, quando si mette in testa una cosa è perfettamente inutile cercare di farle cambiare idea. Quindi, non mi resta che rassegnarmi al fatto che passeremo l'intervallo in questo caos, magari non riusciremo a iscriverci (è impossibile fare un laboratorio con tutta questa gente!), arriveremo in classe in ritardo, ci prenderemo una nota e questa trovata geniale servirà solo a farmi venire l'ansia.

Davanti a noi una ragazza con una massa di capelli rossi approfitta della coda per ripassare qualcosa su un quaderno ad anelli giallo così grosso che da qui dietro non riesco a vedere bene il tavolo dove i prof raccolgono le iscrizioni.

Mi metto sulle punte dei piedi e mi sporgo leggermente alla mia sinistra. Eccolo! È un puntino lontano lontano. E appena mi rendo conto di quanto sia distante, ecco che... tre, due, uno... comincia a scapparmi la pipì. Non arriverò viva alla fine di questo intervallo, lo sento.

«Ma se tornassimo domani?» domando ad Anna, mentre cerco di capire quanto potrò resistere senza andare in bagno.

«Oggi è l'ultimo giorno per iscriversi» mi risponde la ragazza con i capelli rossi.

Si è voltata e mi sorride con aria gentile.

«Hai sentito?» interviene la mia amica, accennando verso di lei. «Dobbiamo restare per forza.» E mi fa una linguaccia.

La ragazza ride divertita e si presenta: «Sono Lara. Piacere!».

Mentre Anna e io le stringiamo la mano e ci presentiamo, lei continua: «Siete di prima, vero?».

«Tu sei molto intelligente o noi siamo molto "riconoscibili"?» domanda la mia compagna di banco, lasciandomi finalmente andare il braccio per virgolettare.

Lara agita in aria il quadernone giallo con aria imbarazzata: «Oh, no! Non volevo darvi delle primine, davvero. Non avevo intenzione di offendervi!».

Non riesco a trattenere una risatina. Forse ho trovato qualcuno che si fa più problemi di me.

«Non farci caso» ribatto. «La mia amica è un po' pazza e con un senso dell'umorismo che capiscono solo sul suo pianeta.»

E Anna aggiunge: «Ma presto conquisteremo la terra e ci capirete anche voi esseri umani».

Lara ci fissa a occhi sgranati, indecisa se scoppiare a ridere o darsi alla fuga, ma alla fine decide di scoppiare a ridere: «Siete simpatiche! Vedrete, ci divertiremo un sacco in questo laboratorio».

Intanto la fila si è mossa, anche se è ancora molto lontana dall'esaurirsi.

Visto che la nostra nuova conoscenza sembra saperne già parecchio in materia, le domando chiarimenti: «Ma è sempre così?».

La chioma rossa ondeggia su e giù: «Oh, certo che sì! Io sono in seconda e l'anno scorso c'era esattamente la stessa folla».

«Ma è assurdo!» commento. «Voglio dire, è impossibile fare un laboratorio con tutta questa gente. Siamo troppi...»

Lara ridacchia. «Lo pensavo anch'io lo scorso anno, ma le cose cambiano molto quando si passa dalla teoria alla pratica.»

«In che senso?» domanda sospettosa Anna.

Scaliamo ancora di un posto, il tavolo delle iscrizioni si avvicina, ora riesco a leggere i cartelli attaccati davanti. A sinistra, dalla prof Riva, si iscrivono quelli di prima e seconda; a destra, dal prof Carpi, tutti gli altri.

«Nel senso che il laboratorio è impegnativo e non tutti hanno davvero voglia di sbattersi fino alla fine.» Lara si blocca e ci pensa su un attimo. «A dire il vero, alcuni non si sbattono nemmeno fino all'inizio.»

Anna inarca le sopracciglia e mi guarda con aria interrogativa. In effetti, anch'io non ho tanto capito che cosa voglia dire, ma preferisco non indagare oltre perché la mia ansia sta aumentando.

Guardo la lunga fila che abbiamo ancora davanti: per quale caspita di ragione nella mia vita deve essere sempre tutto così complicato?

Non faccio in tempo a fare questo pensiero che... tre, due, uno... suona la campanella di fine intervallo e un gruppo, anzi un gruppone di ragazzi e ragazze che sta proprio davanti a noi ha un rapidissimo scambio di opinioni – «Che dite?», «Che sbatta, non c'ho più voglia», «Andiamo?» – e decide di abbandonare il campo.

L'ultimo ragazzo del gruppo si volta, mi guarda e mi strizza l'occhio.

Io avvampo all'istante, senza nemmeno il tempo di fare il conto alla rovescia.

«Qualcuno ha fatto colpo!» mi prende in giro Anna,

e si mette a ululare neanche fosse un lupo in una notte di luna piena. «Auuu!»

In aula magna scende il più totale silenzio.

Io rimango pietrificata accanto alla mia compagna di banco, o alla creatura che si è momentaneamente impossessata del suo cervello. Vorrei sapermi mimetizzare come gli insetti che avevamo visto in un documentario alle medie, o in alternativa riuscire ad aprire una voragine nel pavimento con la sola forza del pensiero e sprofondarci dentro.

Ma dura solo un istante, il tempo di un'occhiataccia dai prof, qualche risatina e un po' di sguardi divertiti. Poi il tempo ricomincia a scorrere e io sono ancora stranamente viva.

«Tu sei veramente pazza!» sibilo ad Anna, che ridacchia.

«Avresti dovuto vedere la tua faccia» mi dice, dandomi una pacca sulla schiena.

Lara ci fissa un secondo e fa una strana smorfia che potrebbe voler dire:

1. Che simpatiche!
2. Che pazzerelle!
3. Queste sono davvero fuori di testa!

Prima che io possa dirle qualsiasi cosa per convincerla che siamo solo simpatiche e un po' pazzerelle, la prof Riva grida: «Avanti il prossimo!», Lara abbraccia il suo quadernone giallo, ci fa un sorriso stiracchiato e corre al tavolo.

«Ma ti rendi conto?» dico ad Anna. «Due figure di C in una volta sola.»

Lei non ribatte e continua a guardarmi con aria innocente.

«Quando fai così io…»

Non riesco a finire la frase perché il ragazzo dell'occhiolino è appena rientrato con un paio di altri tizi e ci fissa di nuovo.

«Gli hai fatto cambiare idea!» mi sussurra Anna.

Ma la fortuna questa volta è dalla mia parte, perché la Riva grida a gran voce: «Avanti un altro!».

«Tocca a lei!» salta su la mia amica, mi afferra per una mano e mi trascina davanti al tavolo.

In quel momento Lara si volta per andarsene e i nostri sguardi si incrociano.

Mi fa un sorriso e dice: «Ci vediamo al laboratorio».

E, dopo aver buttato un'occhiata ad Anna, scappa bofonchiando: «Sono in ritardo!».

La prof Riva mi richiama sulla terra: «Signorina Damiani, mi fa piacere vederti qui. Il tuo è proprio il tipo di talento di cui abbiamo bisogno».

«Ehm… grazie, prof…» quasi balbetto con le guance di nuovo rosse.

La prof annota nome, cognome, classe e sezione su una specie di piccolo registro che ha davanti e intanto mi spiega: «Io credo che potresti dare il meglio nella squadra delle decorazioni, ma sei libera di scegliere anche un'altra attività. Come vi ho già spiegato in classe, ci sono da progettare le scenografie per il palco, preparare le locandine, studiare gli inviti da mandare a tutti via mail. Insomma, le cose da fare sono tante, ma qualsiasi cosa tu scelga mi sento di dire fin da ora che il tuo bonus in pagella sarà assicurato».

«Io avevo capito che il bonus era già assicurato per tutti» borbotta Anna.

La prof alza lo sguardo e scuote la testa, poi mi fissa con aria interrogativa: «Quindi?».

Wow! Non so davvero che cosa dire. Non credevo che la prof Riva avesse questa grande opinione di me. Finora la maggior parte delle nostre ore di Pittura sono state dedicate agli schemi della prospettiva e cose simili, che lasciano pochissimo, okay, nessuno spazio alla creatività.

"Solo conoscendo le regole potrete romperle" ci ripete sempre, quando capisce che cominciamo a romperci noi.

«Posso chiederle una cosa?»

La frase mi esce dalle labbra senza che io riesca a controllarla. La vicinanza con Anna comincia ad avere pessimi effetti su di me: da quando parlo con questo tono sicuro ai prof?

La Riva si allunga sulla sedia con le braccia conserte e mi fa cenno con la testa di continuare.

«Come fa a essere così sicura che darò il meglio nelle decorazioni? Voglio dire... Non mi fraintenda, ma fino a oggi ci siamo esercitati sulle regole della prospettiva. Non mi ha mai vista...»

Non mi viene la parola.

«... pasticciare!» interviene Anna, con un tempismo straordinario.

La professoressa ridacchia e dice: «Grazie, Lucino. Avevo capito perfettamente, ma apprezzo la proprietà di linguaggio».

Poi si rivolge a me: «Damiani, io sono abbastanza vecchia...».

«Ma no, prof!» cerco di negare, però lei mi fa segno di tacere.

«Sono abbastanza vecchia da riconoscere un talento quando lo vedo. E i tuoi quaderni parlano per te.»

La prof mi legge la domanda in faccia perché, senza che io dica niente, lei continua: «Quelli ricoperti con i quadri di van Gogh. E la tua scatola delle tempere non si trova certo in negozio».

È di legno e l'ho decorata a mano con una fantasia che ho copiato da un quadro di Klimt. La adoro!

Un sorriso mi si allarga sulla faccia. «Decorazioni!» esclamo, convinta.

La prof annuisce e mette una crocetta in una casella del registro.

«Bene!» commenta. «Ci divertiremo. Il primo incontro è fissato per lunedì pomeriggio alle due sempre qui in aula magna.»

Poi compila un foglietto e me lo dà: «E questa è la giustificazione per il ritardo».

«Grazie mille!» le dico, stringendolo come la cosa più preziosa del mondo.

Non ci posso credere: la Riva mi ha detto che ho talento, farò il laboratorio e ho anche una giustificazione per il ritardo. I prof a volte sono sorprendenti!

Anna mi prende sotto braccio e parte come un razzo verso la porta: «Arrivederci, prof!».

«Ferma lì, Lucino! Dove credi di andare?» la richiama lei.

«Già!» le dico anch'io, tirandola per il braccio. «Avevo capito che ti saresti iscritta anche tu!»

La mia amica si blocca e per la prima volta da quando la conosco rimane senza parole.

«La festa di Natale ha bisogno dei tuoi unicorni, Lucino» le dice la prof, cominciando a compilare il modulo.

«E io ho bisogno di fare la pipì» le sussurro. «Quindi, sbrigati!»

Quando suona la campanella dell'ultima ora, mi sembra di essere appena uscita dalla centrifuga della lavatrice. Sono indecisa se stendermi sul pavimento o galleggiarci sopra a tre metri di altezza.

«Pianeta terra chiama Emma!» Anna si è messa le mani a imbuto davanti alla bocca e grida, come se le quattro simpaticone del primo banco avessero bisogno di un'altra ragione per pensare che siamo pazze. «Sei a casa?»

Le faccio un sorriso ebete e apro la bocca per dire qualcosa, ma riesco solo a sorridere di nuovo.

«Se sei così per un bel voto, ho paura a immaginare come diventi quando ti innamori» sospira la mia amica.

«È che mi immagino la faccia dei miei quando glielo dirò.»

Terzo teorema di quel disastro di Emma: se ti impegni davvero a fondo, niente potrà fermarti.

Appena usciamo da scuola, i **Geni della lampada**, la chat su WhatsApp che abbiamo ribattezzato così giusto ieri, diventa all'istante **Più unicorni per tutti**.

«Pensi di continuare ancora per molto con questa storia?» si lamenta Anna, alzando gli occhi al cielo.

«No, tranquilla» la rassicuro, mentre ci incamminiamo verso la fermata del nostro autobus. «Solo fino a quando ripenserò alla tua faccia e non mi verrà più da ridere.» E… tre, due, uno… scoppio a ridere.

Intanto, ho scritto un messaggio sulla chat:

Iscritte al laboratorio! E ho preso 8 in mate a sorpresa! Oggi pomeriggio ti raccontiamo.

Sì, perché è sabato pomeriggio e, come tutti i sabati da un mese a questa parte, Jess, Anna e io andiamo in centro insieme.

Jess mi risponde, ma non sulla chat:

Oggi non esco. Scusa.

Un istante prima di saltare sull'autobus, le scrivo:

Okay. Ma va tutto bene? Ti chiamo stasera. ☺

E lei:

Ho da studiare.

Dalla prima media a oggi non ha mai saltato il giro in centro del sabato pomeriggio, ma da quando abbiamo cominciato le superiori le cose sono cambiate, c'è tanto da studiare. Lei è molto brava, ma dovrà impegnarsi almeno un pochino, no? E poi, mi dico, se ci fosse qualche problema me l'avrebbe detto. Lo ha sempre fatto.

Faccio spallucce e cerco di scacciare la malinconia che mi dà sapere che Jess non uscirà con noi.

«Tutto bene?» mi domanda Anna. «Hai una faccia...»

Accenno verso il telefono: «Jess ha detto che oggi pomeriggio non esce».

«Allora si è liberato un posto!» scherza la mia compagna di banco. «Perché non porti tuo fratello?»

Tre, due, uno... scoppio di nuovo a ridere e, immancabilmente, tutto l'autobus si volta.

Figura di C numero... ormai ho perso il conto!

Guardo Anna e le dico: «Tu sei completamente matta, ma se non ci fossi bisognerebbe inventarti».

Un sabato quasi perfetto

Il sabato pomeriggio in centro è stato strano senza Jess, devo ammetterlo, ma alla fine è impossibile annoiarsi con Anna. Lei è sempre così leggera, divertente e colorata.

Sono tornata a casa con un po' di amaro in bocca, ma anche con un sacco di allegria addosso.

Quando ci sediamo a cena sono pronta per concludere in bellezza questo sabato che, finora, è stato praticamente perfetto.

La mamma ha appena portato in tavola la pentola del minestrone e si è seduta al suo posto.

La regola è che lei cucina per tutti, ma a turno ciascuno di noi serve in tavola. Stasera tocca a me.

Quando tolgo il coperchio, il vapore mi avvolge. Per un istante chiudo gli occhi e resto sospesa nell'odore del pianeta-minestrone.

Da bambina lo odiavo, poi all'improvviso ha cominciato a piacermi, non so bene perché, e ora quando comincia a fare freddo e torno sfinita dagli allenamenti il profumo del minestrone caldo mi mette in pace con il mondo. Oggi è sabato, non mi sono allenata, ma dopo la mattinata che ho avuto a scuola e il pomeriggio a festeggiare con Anna mi sento sfinita nello stesso modo, stanca di una stanchezza buona.

Riapro gli occhi, allungo una mano verso mio padre e lui mi dà il suo piatto.

Sorrido mentre glielo riempio e anche mentre glielo restituisco. Spero che mi chieda come mai sono così contenta, ma niente. Ringrazia e si mette in attesa (l'altra regola a tavola è che si comincia a mangiare solo quando tutti hanno i piatti pieni).

Riempio quello di mio fratello, ma a lui faccio solo una linguaccia visto che esce e non mi porta con sé, e io passerò un altro triste sabato sera a casa con i miei genitori.

Quando è il turno di mia madre, sorrido ancora e più di prima, ma niente, nemmeno lei dà peso alla cosa e mi guarda come se non mi vedesse. Ma se ogni tanto, invece che fare quella faccia, ci dicesse a che cosa sta pensando?

Alla fine ci rinuncio, mi riempio il piatto e mi siedo al mio posto.

Mio fratello si lancia sulla cena bofonchiando a bocca piena una cosa che dovrebbe essere "Buon appetito".

Mia madre lo guarda storto: «Ale, quante volte devo dirtelo che non si parla con la bocca piena?».

«Ah, ah...» fa mio fratello, senza alzare gli occhi dal piatto.

Mio padre appoggia il cucchiaio al bordo del piatto e si raddrizza sulla sedia.

Eh, no! penso. Mi sono tenuta la notizia fino a stasera per essere sicura che ci fossimo tutti e Ale non mi rovinerà questa perfetta serata di gloria.

«Oggi mi ha chiamata in Matematica a sorpresa» sparo, e resto un attimo a guardare la faccia dei miei genitori.

Papà si volta verso di me e mia madre rimette il suo cucchiaio accanto al piatto, come se all'improvviso le fosse passata la fame.

«E allora?» interviene mio fratello, impaziente. «Com'è andata?»

«Mi ha dato 8!» esulto.

«Sei una secchiona di mer…»

«Moderiamo i termini» lo gela mia padre.

A parte questo, nessuna reazione, né da lui né da mia madre.

Ma io sono troppo felice e riprendo: «Il prof era molto contento perché dice che non mi sono fatta trovare impreparata anche se non era un'interrogazione programmata. E avevo appena finito il compito di inglese!».

E stavolta non riesco a trattenermi e mi faccio un applauso da sola.

Mio fratello ride e allunga una mano per darmi il cinque: «Confermo, sei una secchiona…», e tronca lì la frase sotto lo sguardo severo di papà.

I miei non dicono niente, forse non hanno capito bene, quindi decido di spiegarglielo meglio: «Sono felicissima!».

«Hai fatto solo il tuo dovere» commenta mio padre.

«Scusa?» gli domando, sbattendo le palpebre per l'incredulità.

«Tua madre e io andiamo a lavorare e tu e tuo fratello studiate» mi spiega. «È il vostro dovere.»

E, come se non bastasse, mamma salta su: «E Anna? Ha interrogato anche lei? Quanto ha preso?».

Ale mi tira un piccolo calcio sotto il tavolo, ma ormai è troppo tardi.

«Che cosa te ne importa di quanto ha preso Anna?» sbotto. «Non ti importa dei miei voti e vuoi sapere i suoi?»

Papà picchia una mano sul tavolo e il suo cucchiaio cade per terra con un fastidioso tintinnio.

«Emma, non è questo il modo di rivolgerti a tua madre» tuona.

«Io sto studiando come una pazza per avere questi voti» grido. Saranno anche i miei genitori e devo rispettarli, ma loro quando cominceranno a rispettare me? «Voi non vi rendete nemmeno conto di quello che significa avere dei professori che si comportano come se esistesse solo la loro materia da studiare.»

Mia madre apre bocca, ma non le lascio il tempo di dire niente: «E come se non bastassero i prof a pretendere sempre la perfezione, vi ci mettete voi con la storia che potete ritirarmi alla prima insufficienza. Poi faccio un compito in classe e prendo un 8 in matematica nella stessa giornata, ma voi riuscite lo stesso a criticarmi! Mi criticate e basta!».

Salto su dalla sedia e li guardo gelida: «E adesso me ne vado in camera mia, tanto immagino di essere in punizione».

Quando la porta sbatte alle mie spalle, sento mio padre che grida: «E ci resterai per tutta la prossima settimana!».

Mi butto sul letto e scoppio a piangere. Dov'è che sbaglio? Che cosa ho fatto di male?

Cerco il cellulare per mandare un messaggio alle mie amiche e mi accorgo di averlo lasciato sul tavolo della sala da pranzo.

Apro gli occhi, ma non riesco subito a capire se il rumore che mi ha svegliata era nel sogno che stavo facendo o nella mia stanza. Dal computer acceso arriva la voce di Sia che canta: *I may cry ruinin' my makeup wash away all the things you've taken.*

Sento le ciglia impastate, anche il mio trucco si è sciolto a forza di piangere. Devo aver lasciato un bel po' di mascara sul cuscino.

«Chi la sente domani la mamma?» mi dico da sola, e mi stupisco di quanto sia roca e gracchiante la mia voce.

«Peggio di stasera non potrà essere.»

Grido di paura e salto sul letto.

«Chi c'è?»

La luce del cellulare fa uscire dal buio la faccia di mio fratello. «L'ho preso prima che i vecchi lo vedessero» mi dice, allungandomi il mio telefono. «Una settimana in punizione mi sembrava già abbastanza.»

Gli butto le braccia al collo e scoppio a piangere di nuovo.

Christmas Time (finalmente!)

Credevo che il fine settimana non sarebbe mai finito.

«A un certo punto ho pensato che i miei avrebbero smesso direttamente di mandarmi a scuola» dico ad Anna, addentando la piadina più super farcita della storia delle piadine di Checco, il bar di fronte alla scuola.

Abbiamo ancora tre quarti d'ora prima che cominci il nostro primo laboratorio.

«Cioè, in che senso per loro il laboratorio rientra nel "divertimento"?» e traccia in aria le sue adorate virgolette invisibili.

Già sabato sera, quando le ho scritto in privato su Instagram dal computer, Anna faticava a capire la ragione della mia punizione.

Jess non mi avrebbe mai chiesto una cosa del genere. I miei li conosce bene. Non ha nemmeno avuto il coraggio di tirare in ballo la sua teoria sui normali conflitti fra genitori e figli. Certo, non l'ha tirata in ballo anche perché era difficile farcela stare, in quel paio di monosillabi che ha usato per rispondere ai miei messaggi di sabato sera e di ieri.

«E poi, come li hai convinti a farti restare?» aggiunge ancora Anna.

Le faccio segno di aspettare un attimo. «Sto masticando...» bofonchio con una mano davanti alla bocca.

«Certo, fare un laboratorio è divertente, ma con la Riva non c'è mai troppo da divertirsi. È così pignola, non trovi?» continua Anna.

Faccio un sorso di coca e deglutisco. «È il punto di vista che è sbagliato» le spiego. «Loro sono convinti che al liceo artistico passiamo il tempo a disegnare e a fare lavoretti come alla scuola materna.»

«A pasticciare, insomma» precisa lei, prima di addentare la sua piadina.

«A pasticciare, come vuoi tu. Non capiscono che studiamo tante cose, che la teoria per adesso conta più della pratica e che questo laboratorio alla fine mi serve per tirarmi su il morale, ma anche per avere voti migliori.»

In sottofondo Milky Chance canta *I hope they didn't get your mind. Your heart is too strong anyway.*

Anna scuote la testa: «E immagino che stasera non potrai andare all'allenamento».

«Esatto. Jess ci è rimasta malissimo» le dico. O almeno credo, visto che anche quando le ho scritto che avrei dovuto saltare l'allenamento ha risposto con un Ah, okay. «A parte due settimane in prima media quando ho preso la varicella» riprendo «non ne ho mai saltato uno.»

Mentre ingoio l'ultimo boccone e faccio l'ultimo sorso di coca, vedo entrare Lara.

La saluto con la mano e lei mi sorride, poi guarda Anna e si gira verso il bancone dandoci le spalle.

«L'hai terrorizzata!» sgrido la mia amica.

«Che cosa sarà mai un piccolo ululato? Gli uomini primitivi dovevano esprimersi più o meno così» ribatte lei.

La guardo con aria interrogativa.

«Be', che hai da guardarmi così? Siamo stati tutti uomini primitivi!»

La porta dell'aula magna è aperta, lo vedo già dal fondo del corridoio.

Manca un quarto d'ora alle due, ma ho preferito arrivare in anticipo. Con la confusione che ci sarà non voglio finire in fondo o in qualche punto in cui rischio di non capire niente, perdermi qualcosa di importante o cose del genere.

«Chissà quanti saremo?» domando, non so se a me stessa o ad Anna.

«Sempre una di troppo» risponde, indicando se stessa. «Vuoi dirmi che cosa ci faccio qui?»

Mi blocco a qualche passo dall'ingresso dell'aula e la guardo seria. «Non mi lasci da sola» le dico. «Pensi che sia una ragione sufficiente?» E perché non creda che all'improvviso sono diventata una persona seria, spalanco gli occhi e batto le ciglia come se fossi un cartone animato.

Anna ride, mi prende sotto braccio e mi trascina in aula magna.

Sono stata convincente, ma la verità è che sono un po' nervosa.

Da una parte, il mio è un nervosismo positivo, che mi carica. Ripenso alla prof Riva e a quello che mi ha detto e per la prima volta in vita mia credo di avere chiaro il concetto di responsabilità. Peccato che non abbia niente a che fare con quello che ha in mente mio padre.

Dall'altra, è un nervosismo negativo, che mi carica di ansia. E se la prof si fosse sbagliata e io non fossi in grado di fare niente di quello che lei si aspetta? E se alla fine facessi solo una delle mie lunghe serie di figure di C?

Appena mettiamo piede in aula, mi rendo conto che c'è molta meno confusione di quella che mi aspettavo. Anche Anna sembra sorpresa.

Si guarda intorno con aria preoccupata, poi mi fissa e spara: «Che sfiga! Il tizio che ti ha fatto l'occhiolino non c'è».

«Non siamo qui per gli occhiolini» ribatto. E le indico alcune sedie vuote in prima fila.

Anna mi segue trascinando i piedi e, quando mi fermo a salutare la prof, la mia amica alza appena una mano e continua per la sua strada fino alla sedia più vicina.

«Vedo che la Lucino è di ottimo umore» commenta la Riva, ridendo.

«Vedrà che migliora» ribatto. Ma che frase è? Non potevo stare zitta? «Meglio che vada a sedermi anch'io...»

Saluto la prof e raggiungo Anna, lasciandomi cadere sulla sedia, una sopravvissuta alla prima figura di C del laboratorio.

Anna si soffia via il ciuffo fucsia dalla fronte e si lamenta: «Quando comincia? Che ti ha detto la prof?».

Non faccio in tempo a risponderle.

«Ehilà! Chi si rivede...»

Anna e io ci voltiamo di scatto ed eccolo, è arrivato, è lui: il ragazzo dell'occhiolino.

Mette un piede sulla sedia accanto alla mia e si appoggia al ginocchio per sporgersi meglio verso di me: «Grazie per avermi tenuto il posto».

Io avvampo e ammutolisco (nel mio caso, di solito le due cose vanno di pari passo), ma la mia compagna di banco mi viene subito in soccorso.

«La mia amica mi stava giusto chiedendo se ti avevo visto» salta su.

Quando si dice la frase giusta al momento giusto.

Il tizio dell'occhiolino mi guarda come di solito io guardo la pizza al venerdì sera e mi dice: «Eccomi qui!».

Allunga la mano, afferra la mia, mi fa un assurdo baciamano e si presenta: «Andrea, seconda D».

Toglie il piede dalla sedia e si accomoda accanto a me, prima di aggiungere: «Seconda D è la classe, non il cognome».

Anna scoppia a ridere di gusto e io la guardo perplessa, finché non mi dà una gomitata che mi fa uscire di botto: «Ma sei matta, per caso?».

E proprio quando sono sicura che ora mi risponderà con qualche altra frase ad alto tasso di imbarazzo, succede un miracolo.

«Scusate se vi ha disturbato, è che ogni tanto ho bisogno di andare in bagno e non posso portarmelo dietro anche lì.»

Il ragazzo che ha appena pronunciato questa frase è in piedi davanti a me e mi tende la mano. E fin qui, niente di straordinario. Io gliela stringo e dico il mio nome.

Ed è a quel punto che lui mi fa un sorriso dolcissimo, il più dolce che abbia mai visto in faccia a un ragazzo, e i suoi occhi grigio-azzurro-verde scintillano in un modo unico.

Il fatto che anche Anna sia rimasta in silenzio mi conferma che non sono pazza, siamo davvero davanti al ragazzo più carino mai visto da quando siamo entrate in questa scuola.

«Io sono Michael» si presenta. «E sono il compagno di banco di questo sfigato.»

Lo sfigato, giusto per confermare, gli tira una pacca sulla schiena che c'è da stupirsi che Michael rimanga in piedi.

Fa le presentazioni anche con Anna e si siede nel posto libero accanto ad Andrea-seconda-D (questo soprannome piacerà moltissimo a Jess), ma si sporge verso di noi. «Sarà un bel laboratorio, fidatevi. L'anno scorso ci siamo divertiti da pazzi.»

Prende il telefono dalla tasca dei jeans e comincia a farci vedere una serie di foto del laboratorio dell'anno passato. Così scopro che, prima di lasciarsi crescere questo bellissimo ciuffo di capelli ribelli, portava i capelli corti e si metteva sempre un cappellino con la visiera.

Anna comincia a sciogliersi: «Si vede che vi divertivate. Il tuo amico non c'era, vero?».

Andrea fa il finto offeso, Anna gli fa una smorfia, Michael si mette a ridere e mi guarda. E io che cosa posso fare? Avvampo di nuovo e abbasso lo sguardo.

Quarto teorema di quel disastro di Emma: se esiste un solo e unico modo di fare una figura di C, Emma sarà in grado di trovarlo.

«La Riva ci permetteva di mettere anche la musica mentre lavoravamo» racconta Michael.

E così dicendo, apre Spotify e ci mostra la playlist che ha creato per questo primo pomeriggio di laboratorio.

«Ti piace Shawn?!» esclamo.

Strings, *This is what it takes*, *Air*, *Crazy*... ci sono tutte le mie preferite!

Il prof Carpi ci richiama all'ordine proprio in quel momento: «Ragazzi, posso avere la vostra attenzione?».

Michael mette via il telefono e mi sorride, prima di raddrizzarsi sulla sedia.

Io sento un sorriso che mi si allarga sulla faccia e non riesco a fare niente per fermarlo.

«Te l'ho detto quanto sono felice di fare questo laboratorio con te?» mi sussurra Anna, ammiccando verso Andrea-seconda-D.

Sarà un laboratorio bellissimo, penso, mentre pesco il blocco da disegno dallo zaino e la Riva comincia: «Prendete appunti perché non ripeterò le stesse cose mille volte come al solito».

Creatività è…

Carpi si stacca dal tavolo al quale è rimasto appoggiato per l'ultima ora e batte le mani con forza: «Rompete le righe! Ci rivediamo fra dieci minuti, ma che siano dieci».

Anna si stiracchia sulla sedia e sbadiglia come se si fosse appena alzata dal letto. «Se Carpi non fosse così noioso, questo labo*coso* sarebbe quasi divertente» commenta.

«A me non sembra male» ribatto, rimettendo il tappo alla penna e infilandola a mo' di segnalibro fra i fogli del blocco da disegno. «Me lo aspettavo esattamente così.»

I prof ci hanno divisi in tre gruppi: scenografie, decorazioni, inviti. Nella quasi totalità dei casi hanno rispettato le scelte che abbiamo fatto al momento dell'iscrizione, quindi io sono finita nel gruppo delle decorazioni insieme ad Anna, Michael e Andrea.

«Forse pensavo che sarebbe stato solo un po' più affollato» continuo.

Ora che non sto più con la testa china sul mio album (un po' anche per la paura di incrociare di nuovo lo sguardo di Michael), mi guardo intorno e mi rendo conto che in aula magna non c'è nemmeno la metà dei ragazzi di sabato. «Adesso capisco che cosa intendeva Lara quando ha detto che alcuni non si sbattono nemmeno fino all'inizio del laboratorio» aggiungo.

Do un'altra occhiata in giro per l'aula e domando ad Anna: «A proposito di Lara, tu l'hai vista? È nel nostro gruppo».

Ma mi è subito chiaro che sto parlando da sola, visto che Andrea-seconda-D si è alzato di scatto e si è messo a saltellare cantilenando: «Caffè! Caffè! Caffè!», la parola magica che fa scattare in piedi Anna.

Non faccio in tempo ad appoggiare il blocco sulla sedia e dire "Vengo anch'io", che sono già spariti.

«Grazie tante!» mi lamento a voce alta.

Michael si mette a ridere così forte che arrossisco ancora prima di girarmi e vedere la sua espressione divertita.

«Scusami!» fa lui. «Non sto ridendo di te, giuro! È solo che hai fatto una faccia assurda.»

«In effetti, non ha tutti i torti» ci interrompe una voce che riconosco subito.

Il primo a salutarla è Michael: «Ciao, Lara».

«Ciao, Lara!» intervengo io.

Michael ci guarda con aria sorpresa e questa volta sono io quella che si mette a ridere.

«Non sto ridendo di te, giuro!» gli dico. «È solo che hai fatto una faccia assurda.»

Lara gioca con un ciuffo della sua folta chioma rossa e intanto gli spiega: «Ci siamo conosciute sabato in coda per l'iscrizione». Poi mi guarda e aggiunge: «Michael e io abbiamo fatto il laboratorio insieme anche l'anno scorso».

«E c'era anche Andrea-seconda-D?» ribatto io.

Lara scuote la testa: «L'anno scorso era Andrea-prima-D! Non dirmi chc ha fatto anche a te la battuta del cognome».

Ridiamo, questa volta tutti e tre insieme e io all'improvviso e senza una ragione precisa sento di essere al posto giusto, il mio posto nel mondo, di essere nella scuola giusta, nel laboratorio giusto e con le persone giuste. Sono così felice che potrei mettermi a gridare.

Lara si siede accanto a me al posto di Andrea e riprende: «Sei nel gruppo delle decorazioni con me!».

Michael si tira indietro il ciuffo e si allunga sulla sedia. «Veramente è nel gruppo delle decorazioni *con me*» la corregge. «Dipende dai punti di vista, no?» conclude, sporgendosi dalla sedia a guardarmi.

Io avvampo e probabilmente potrei liquefarmi nel giro di dieci secondi per la temperatura che ha raggiunto la mia faccia, ma per mia fortuna...

«Chi vuole un caffè ancora bello caldo?» domanda Anna, piazzandomi in mano il bicchierino di plastica marroncina della macchinetta.

«Ehi!» aggiunge, facendo un cenno di saluto a Lara. «Pare che siamo in gruppo insieme!»

La fulmino con lo sguardo prima che possa mettersi a ululare di nuovo, anche se lei mi guarda con l'aria supplicante che mette su quando vuole assolutamente fare qualcosa che sa già mi metterà in totale imbarazzo.

In quel momento il professore ricomincia a battere le mani, gridando: «Ricomponete le righe! Fine della pausa! Si comincia a lavorare!».

Oggi ho una fortuna sfacciata!

Dal brusio che si sparge per l'aula sembra che nessuno abbia voglia di darsi da fare.

«Non siete costretti a restare, fanciulle e fanciulli» interviene la Riva, appoggiandosi anche lei al tavolo con un gran sorriso. «È tutto volontariato e nessuno vi assicura il bonus in pagella, ve l'ho già detto.»

Gli ultimi ritardatari si intrufolano in aula e corrono ai propri posti, lasciandosi sbattere la porta alle spalle.

«Bene» riprende Carpi.

Lara è rimasta seduta accanto a noi e già così siamo metà del nostro gruppo. All'improvviso sono elettrizzata all'idea di conoscere gli altri e di mettermi all'opera.

Il prof continua: «Abbiamo allestito un tavolo di lavoro per ogni gruppo. Ora non dovete fare altro che raggiungere il vostro...». Alza tutte e due le mani in aria e tutti quelli che si stavano già fiondando verso le postazioni si bloccano. «... con cal-ma e sen-za confu-sio-ne.»

«*Andiamo*» sussurra Anna, alzandosi piano in punta di piedi e facendoci cenno di seguirla.

Il tema scelto, “insindacabilmente” ha detto il prof, da lui e dalla Riva per la festa di quest’anno è la bottega di Babbo Natale.

Il compito più difficile spetta al gruppo delle scenografie perché dovranno allestire i fondali per il palco del dj set. E, infatti, non è un caso se è stata scelta solo gente dalla terza in su per quel lavoro, e non è un caso nemmeno che in quel gruppo saranno in venti.

«Mentre nel vostro e in quello degli inviti siete in dieci» spiega la Riva, distribuendo un foglio con un lungo elenco.

«Sul foglio trovate l’elenco di quello che avete a disposizione per realizzare le decorazioni» continua la prof, indicando un cumulo di materiale ammonticchiato al centro del grande tavolo da lavoro. «Verificate che ci sia tutto e, se mancasse qualcosa, segnalatecelo e ve lo procureremo per la settimana prossima. Le decorazioni dovranno essere in perfetta armonia con le scenografie del palco e dovranno essere finite fra sette settimane, cioè per il 17 dicembre, la data del nostro ultimo laboratorio.»

Incrocia le braccia, ci guarda con aria soddisfatta e conclude: «E adesso non mi resta che augurarvi buon lavoro!».

«Okay, okay» interviene Michael, non appena restiamo soli attorno al tavolo. Ha un tono pacato ma deciso, dà la sensazione di avere le idee chiare su quello che dobbiamo fare. «Vediamo se c’è tutto. Io controllo il materiale. Chi legge?»

Carlo, uno degli altri cinque del gruppo che non conoscevo, comincia: «Carta da pacco marrone, colla vinilica, colori acrilici, tempere, vernice spray, neve spray, cartoncini colorati e polistirolo bianco, otto rotoli di spago, nastri colorati, oltre a un paio di chili di cotone idrofilo». Alza lo sguardo dal foglio e dice: «Ma da dove arrivano due chili di cotone idrofilo? Hanno svaligiato una farmacia?».

«C'è tutto» annuncia Michael.

«Ottimo!» salta su Andrea. «Adesso dobbiamo solo progettare le decorazioni!»

Elena, Marta e Luigi, rispettivamente di seconda, terza e quarta B, aprono i blocchi da disegno a una nuova pagina e impugnano la matita in attesa che qualcuno abbia un'idea geniale, mentre una ragazza di cui non riesco a ricordare il nome giocherella con le mani fingendo indifferenza. Insomma, pare che nessuno abbia idee su come cavare almeno un ragno dal buco.

«Avevo dimenticato questo!»

La Riva è ricomparsa inaspettatamente insieme all'albero di Natale più finto e più striminzito che io abbia mai visto.

La prof ci fa un gran sorriso e aggiunge: «Direi che con questo è tutto. Ancora buon lavoro!». E se ne va, lasciando a noi lo scheletro verde.

Marta e la ragazza senza nome ci si avvicinano e gli tolgono qualche ragnatela.

Anna commenta: «Diciamo che è un po' "vintage"».

«Solo un po'?» ribatte Andrea, e le fa uno dei suoi ormai famosi occhiolini.

Poi, scende il più totale silenzio e ci ritroviamo a guardarci in faccia, di nuovo tutti seduti attorno al tavolo. L'imbarazzo è così evidente che quasi mi sento a mio agio in mezzo a un gruppo dove tutti si sentono seduti su un cesto di ricci di castagne esattamente come mi ci sento io per almeno la metà delle mie giornate.

«Ma se portassimo noi altro materiale?» mi sento dire, come se la voce non uscisse dalla mia bocca comandata dal mio cervello.

In un istante ho nove paia di occhi puntati addosso e arrossisco, ma la mia voce continua a uscire.

«Potremmo portare tutte le scatole che riusciamo a trovare a casa» riprendo. «Poi decoriamo la carta da pacco marrone tipo con degli stencil e facciamo dei pacchetti da mettere sotto l'albero.»

Qualcuno annuisce, qualcuno mi guarda immobile.

«È facile fare gli stencil!» li rassicuro, mostrando loro alcune immagini del mio profilo Instagram. «Questi li ho fatti io, ho messo anche i video su YouTube.»

«Io voglio fare una carta tuuuutta ricoperta di unicorni!» salta su Anna.

«E l'albero?» interviene Carlo. «Potremmo fare delle decorazioni con il cartoncino, ma io posso anche portare un sacco di vecchie palline da ping pong che ho a casa. Se le coloriamo con gli acrilici diventano perfette come palline di Natale!»

«E con il cartoncino possiamo fare delle ghirlande. Io ne so fare almeno di tre tipi diversi» salta su Marta. «Ho imparato alla scuola materna.»

Elena e Lara ridacchiano ma, risatine a parte, sembra che la creatività si stia risvegliando.

«Le ghirlande possiamo metterle in giro per tutta la stanza» dice Andrea, che invece ha apprezzato l'idea.

«Con i fogli di polistirolo facciamo un cavalluccio di legno, una macchinina, un trenino, cose così» dice Anna «e le mettiamo sotto l'albero insieme ai pacchetti.»

«E con il cotone facciamo la neve da mettere sull'albero» mi anticipa Michael.

«Esatto!» esclamo io.

Ed è solo in quel momento che mi rendo conto di quello che ho fatto: ho esposto la mia idea dall'inizio alla fine senza incertezze e, soprattutto, senza arrossire, nonostante tutti mi guardassero e mi ascoltassero, compreso Michael.

È un po' come scoprire che so volare.

Mio padre ci guarda nello specchietto retrovisore e borbotta qualcosa che non capisco.

Oggi portiamo a casa Anna in macchina. Mi sembra il minimo approfittare del fatto che papà ha chiesto un cambio turno per venire a prendermi a scuola dopo il laboratorio perché voleva essere certo, cito le sue esatte parole, "che io cercassi di fare la furba e sfuggire alle mie responsabilità".

Non ci sono rimasta male più di tanto solo perché la faccia che ha fatto Anna quando gliel'ha sentito dire è stata fantastica. E anche perché il laboratorio è stato abbastanza fantastico da consolarmi di qualsiasi delusione.

Sono già agitata al pensiero di lunedì prossimo scrivo ad Anna su WhatsApp, anche se è qui accanto a me.

È da sabato che abbiamo smesso di usare la chat con Jessica, ma la mia compagna di banco sembra non aver dato peso alla cosa. E io? Be', visto come mi ha risposto Jess quando le ho scritto della punizione e dell'allenamento, non so bene come comportarmi. Preferisco andarci cauta.

Ho mandato un messaggio solo a lei:

Il laboratorio è stato fantastico! Chiamami dopo l'allenamento e ti racconto.

«Cos'hai detto, scusa?» domando a mio padre, rendendomi conto all'improvviso che ha continuato a borbottare anche se né io né Anna gli rispondevamo.

«Siete sempre con quegli affari in mano» scandisce, alzando di un tono la voce. «Una volta le persone facevano conversazione.»

«Uh... giusto...» ribatte Anna, senza togliere gli occhi dallo schermo del telefono. «Ci dica: ha avuto una giornata interessante oggi?» E intanto su WhatsApp mi scrive:

Perché lunedì prossimo? Scommetto che domani all'intervallo vengono a cercarci!

Lo stomaco mi si strizza come stritolato da una mano gigante. Domani? All'intervallo?

Non ci avevo pensato! rispondo.

Le spunte del messaggio che ho mandato a Jess, invece, sono ancora grigie.

Mando un pollice alzato ad Anna, ci penso su un attimo e aggiungo un faccino con gli occhi a cuore.

Lei ridacchia e mi dà uno spintone che quasi mi stende sul sedile.

Mio padre scuote la testa e noi due cerchiamo di stare serie.

Mi sono infilata a letto e ho appena ricontrollato WhatsApp. Jess è stata online dieci minuti fa, ma non ha visualizzato il mio messaggio. Non so davvero che cosa pensare, è tutto il giorno che fa così. Vorrei chiamarla, ma all'improvviso non mi sembra più una buona idea. Da quando mi faccio questi problemi con lei?

Al diavolo! Le mando un altro messaggio:

Tutto bene agli allenamenti? E il resto? È da sabato che non ti sento. Fatti viva, okay? ☺

Nemmeno Anna è online in questo momento, quindi chiudo WhatsApp e mi metto a guardare le foto che ho scattato ai primi abbozzi di decorazioni che abbiamo fatto oggi al laboratorio.

Alla fine ho insegnato a fare gli stencil a tutti, Lara ed Elena sembrano particolarmente portate per questo genere di lavoro. Insieme abbiamo quasi finito di preparare le mascherine che trasformeranno la carta da pacco marrone in una bella carta da regalo.

I miei video sono stati d'aiuto, devo ammetterlo. E tutti i miei compagni di gruppo hanno cominciato a seguirmi su Instagram e su YouTube. Scorro i nuovi follower su Instagram, c'è anche Michael. Arrossisco al pensiero, ma sono contenta e forse un po' me lo aspettavo.

Non mi spiego il perché, ma con lui ci capiamo al volo, e non è solo per via della musica. Certo, per me quella è fondamentale, è il mio rifugio, la mia consolazione – a parte Jess – quando sono giù di morale, il mio modo di fuggire dal mondo, ma con lui c'è qualcosa che parte dalla musica e va oltre.

Si è messo a lavorare con me ai bozzetti delle decorazioni che attaccheremo ad alcuni pacchetti – pare che noi lavoreremo a quelli – e siamo riusciti a decidere che cosa avrebbe fatto lui e che cosa avrei fatto io senza dover discutere. Ci è venuto tutto naturale, una cosa che non mi era mai successa con nessuno.

Apro YouTube e trovo un commento che ha lasciato sotto un mio vecchio video di decorazioni natalizie. L'avevo pubblicato lo scorso anno. A guardarlo mi viene da ridere per quanto è semplice, non lo avevo nemmeno editato e la colonna sonora copre spesso la mia voce. Oggi sono molto migliorata, eppure è passato solo un anno.

Michael ha scritto: Potremmo fare anche queste! ☺

Sono così in imbarazzo che riesco a rispondergli solo con un pollice alzato.

Riprendo a scorrere i commenti, quelli dei ragazzi del laboratorio sono tutti così carini che mi dico che ho fatto bene per una volta a espormi, a dire “Io so fare questa cosa. Facciamola insieme”.

Ho cominciato a fare le foto e i video per divertimento, così come per divertimento guardo quelli degli altri. E siccome sono parecchio timida e arrossisco con una facilità imbarazzante, preferisco non comparire mai nelle foto e nei video. Ci metto solo i miei lavori e le mie mani, che sono tutto quello che conta.

Vedermi all'opera, vedere all'opera le mie mani che si muovono sicure mi fa sentire strana, come se ogni volta scoprissi con enorme stupore di saper fare qualcosa di bello. Vedermi da fuori mi ha fatto scoprire una parte di me che non conoscevo e che mi diverte molto.

Sono solo foto e video, non salvo il mondo, ma condividere le mie idee oggi ci è stato utile, proprio come tante volte sono state utili a me le idee degli altri. Perché è così, ho sempre avuto una grande passione per quello che Anna chiama pasticciare, ma i video che ho visto online mi hanno aiutato tantissimo a perfezionarmi, mi hanno insegnato cose nuove, mi hanno fatto divertire.

I miei profili social sono come un modo per restituire quello che ho avuto di bello, di aiutare gli altri come loro hanno aiutato me.

Scorro ancora i commenti e sorrido ripensando ai pomeriggi e alle sere in cui quei video mi hanno fatto compagnia, mi hanno fatta ridere, mi hanno insegnato qualcosa, mi hanno emozionato. Dopo certe litigate con i miei, è stata una consolazione poter pasticciare in compagnia di qualcuno, anche se era solo su uno schermo. Tutti quegli sconosciuti disposti a condividere qualcosa della propria vita mi hanno impedito di chiudermi completamente in me stessa.

E poi, mi si ferma il cuore e smetto di respirare.

NON SEI PROPRIO CAPACE, LASCIA SPAZIO A CHI HA DAVVERO TALENTO.

Il commento spicca in mezzo agli altri perché l'hanno scritto in maiuscolo, volevano essere sicuri che lo vedessi. Lo leggo e lo rileggo, incredula.

Non ho mai pensato di avere un particolare talento, faccio solo una cosa che mi piace fare.

NON SEI PROPRIO CAPACE, LASCIA SPAZIO A CHI HA DAVVERO TALENTO.

Mi gira la testa, ho il fiato corto come se avessi corso e adesso comincia a venirmi la nausea.

Chi può aver scritto una cosa del genere? Guardo il nick dell'autore: eccola_la_verità, solo questo, senza una foto, senza niente. Ci clicco sopra e vado al suo canale YouTube, ma non ha caricato niente.

Apro Instagram, scorro i commenti e rieccolo: NON SEI PROPRIO CAPACE, LASCIA SPAZIO A CHI HA DAVVERO TALENTO. Guardo il nick: è ancora eccola_la_verità e il profilo è vuoto anche qui.

«Okay, stai calma» mi dico a voce alta, come per rassicurarmi da sola.

E d'istinto apro WhatsApp. Apro la chat con Jessica.

Ancora non ha visualizzato nessuno dei miei messaggi, ma sono sicura che adesso mi risponderà.

Jess, ho bisogno di parlarti. Presto. Mi è successa una cosa brutta.

Invio. Il messaggio viene consegnato in un secondo. Alzo lo sguardo verso la finestra della mia stanza e mi sembra quasi di vederlo volare fuori, attraversare le tre strade che ci separano ed entrare nella stanza di Jessica.

Chissà se lo farà entrare, mi domando.

Mi addormento con il telefono in mano, ripetendomi in testa: *È solo una frase stupida, non vuol dire niente.*

Seconda parte

Quello che non si vede

Anna ha sempre ragione

Questo martedì mattina non vuole più passare.

Per le prime due ore hanno continuato a girarmi in testa quel commento e quel nick. Il prof di Italiano spiegava e ogni tot io sbirciavo i miei profili. Non è cambiato niente, è tutto come ieri. Qualche like in più, ma nessun nuovo commento. E soprattutto, nessun nuovo commento da quel profilo. Ogni volta ho tirato un sospiro di sollievo e mi sono detta: *Era solo una frase stupida. Hai visto?*

Sì, certo, una frase stupida, ma che mi ha fatto male anche se non vorrei ammetterlo nemmeno con me stessa. L'unica persona con cui avrei voluto condividere il panico in cui mi ha gettata è praticamente sparita nel nulla. Ogni volta che ci penso un altro nodo d'ansia mi chiude lo stomaco. Che cosa sta succedendo a Jess? Che cosa sta succedendo alla mia vita?

Alla terza ora, ci si è messo pure Sisti a farmi aumentare l'ansia con l'interrogazione di Storia dell'Arte.

«Ieri ho fatto il laboratorio con la prof Riva e il prof Carpi» gli ha detto Anna, quando l'ha chiamata fuori. «Oggi posso essere interrogata solo se c'è una programmata.»

«Non si programma la conoscenza» le ha risposto lui. «E soprattutto non si può fare arte senza conoscere l'arte. Quindi, Lucino, vieni subito qui a raccontarmi per bene le strutture architettoniche della polis» ha concluso.

«Non è giusto» cerco di consolarla, mentre usciamo in corridoio.

La campanella dell'intervallo è appena suonata e Anna ha appena preso il suo primo 5 in un'interrogazione. Ovviamente ieri sera non ha studiato e lei non è il tipo che si ricordi le cose solo dopo aver sentito una spiegazione in classe (forse anche perché i suoi appunti sono abitati da unicorni).

Eppure la guardo camminare accanto a me verso la macchinetta, ed è assolutamente tranquilla. Continua a dirmi soltanto: «Recupero alla prossima interrogazione. Non è una tragedia!».

Oggi più che mai vorrei essere come lei: capace di fregarmene di qualsiasi cosa, di fare spallucce e dimenticare la frase che ho letto ieri sera, smettere di farmi venire l'ansia per Jess, per i voti, per i miei genitori e perché mi sento improvvisamente una sfigata totale, più di quanto mi ci sia mai sentita. Forse dovrei parlare con Anna di quella cosa, forse ci faremmo sopra una risata e tutto finirebbe lì.

Mi mette il telefono sotto il naso. «Vedi?» mi dice, inarcando le sopracciglia.

È un messaggio di sua madre:

Oh, ma che cosa vuoi che sia un 5 per Anna la peste? Lo recuperi con i tuoi super poteri!

«Non è una tragedia, te l'ho detto!» esclama, allargando le braccia.

«I miei mi ucciderebbero» ribatto.

Anna mi guarda con aria interrogativa.

«Sai, per la storia dell'insufficienza e del cambiarmi scuola» le spiego.

«Ah, certo!» fa lei, con l'aria di chi ha rimesso finalmente insieme i pezzi.

Jess avrebbe capito al volo, penso.

Ma Jess non è qui e all'improvviso mi è chiaro che no, non è il caso di parlare con Anna di quella cosa.

Mi blocco in mezzo al corridoio fulminata da un altro pensiero: «La settimana prossima potrebbe chiamare me in Arte! La tragedia potrebbe abbattersi su di me!».

«Quale tragedia?»

Il cuore mi arriva in gola per lo spavento e anche Anna ha la faccia di una a cui è appena preso un colpo.

«Ehi!» protesta, voltandosi. «Per caso hai deciso di farci venire un infarto?»

Come ho fatto a dimenticarmi completamente di Michael? E di Andrea, che adesso ride come un pazzo, mentre Michael sembra piuttosto imbarazzato.

«Pensavo che ci aveste sentiti» tenta di giustificarsi. «È un pezzo che vi chiamiamo.»

Anna aveva ragione: sono venuti a cercarci all'intervallo. E questa cosa da sola sarebbe già sufficiente a farmi smettere di respirare fino allo svenimento, ma lo spavento che ci hanno fatto prendere contribuisce a peggiorare la situazione del mio cuore. Quando finalmente credo di aver quasi riportato nella norma le mie funzioni vitali, Michael mi guarda con quei suoi occhi grigio-azzurro-verde e all'improvviso mi manca di nuovo l'aria.

Lui mi prende per mano (adesso svengo davvero) e mi chiede, preoccupato: «Va tutto bene? Ti senti bene?».

«Che tragedia sta succedendo? Ce lo volete dire?» aggiunge Andrea, sempre con quella sua aria da prendi in giro.

Per un momento, vorrei tirare fuori tutto, e dirgliela la mia piccola tragedia. Ma poi lo guardo e mi ripeto ancora: *È solo una frase scema.*

«Ecco, veramente...» Anna mi richiama sul pianeta-corridoio. È diventata improvvisamente seria, mi sembra quasi che abbia gli occhi lucidi.

Lo sapevo! Fa tanto la dura, ma ci è rimasta male per l'interrogazione.

«È che Sisti mi ha interrogata...» riprende lei.

Andrea e Michael si avvicinano, quasi come se volessero abbracciarci, e io passo davvero un braccio attorno alle spalle della mia amica. Mi sembra di sentirla tremare. Lo sapevo, lo sapevo!

«Le ha dato 5» taglio corto io, per mettere fine a questa sofferenza.

Stringo Anna più forte. Adesso sta tremando davvero. Guardo Michael e Andrea cercando di fare la mia migliore faccia "Fate qualcosa!", e loro che cosa fanno? Si mettono a ridere.

Mi volto, la guardo: anche Anna sta ridendo a crepapelle!

«Ma va' a cagare!» le grida Andrea, e le dà uno spintone.

«Sì, vai proprio a cagare» ribadisco io. Mi giro di spalle e me ne vado a passi decisi verso il lato opposto del corridoio.

Ma come le è venuto in mente di farmi uno scherzo così cretino? Io muoio di preoccupazione e lei mi prende in giro.

«Non si scherza sulle insufficienze!» protesto ad alta voce, passando davanti a Sofia, Mia, Aurora e Gaia, appollaiate davanti al loro solito calorifero con la loro solita faccia di disapprovazione.

Anna mi chiama e mi richiama, sento il mio nome che rimbomba per il corridoio nonostante il caos dell'intervallo, ma adesso sono troppo arrabbiata. Come fa a scherzare con me su una cosa del genere? Oggi, poi! Come ha fatto a non leggermi in faccia che c'è qualcosa che non va?

Jess lo avrebbe capito subito, mi ripeto. E poi: *ma Jess non c'è.*

Continuo a camminare finché Anna non mi afferra per una spalla.

Mi volto di scatto: «Sono molto arrabbiata con te».

«Perché?» mi domanda Michael, con un'aria davvero sorpresa. «Dovresti prendertela con Anna. E comunque, voleva solo scherzare.» Mi si avvicina, sento il suo profumo da tanto è vicino (sa di caramelle e di vento, di mare e sole), e mi sussurra: «Credo che cercasse di fare colpo su Andrea».

«E che cosa te lo fa pensare?» gli domando, riuscendo con molta fatica a guardarlo negli occhi.

Lui fa spallucce e risponde: «Sensazioni. A te non capita mai?».

Si starà riferendo al fatto che ho la netta sensazione che, se continua a starmi così vicino, fra poco sverrò?

«A volte» taglio corto. Per esempio, adesso io lo so perfettamente che ci conosciamo solo da 21 ore scarse e una manciata di secondi, ma ho la nettissima sensazione che tu non sia come gli altri, che potrei fidarmi di te, confidarmi con te, potremmo parlare per ore e ascoltare la nostra musica preferita stesi su un prato al parco mentre tutto il mondo ci gira intorno e io e te non ce ne accorgiamo perché siamo troppo impegnati a essere felici.

Ma ovviamente questo resta tutto chiuso nella mia testa.

«O almeno spero!» esclamo. E se avessi parlato di nuovo a voce alta senza accorgermene? Il quarto teorema di quel disastro di Emma si verifica sempre quando meno me l'aspetto.

Michael fa una faccia perplessa: «Speri di avere a volte delle sensazioni? In che senso?».

Okay, scampata figura di C. Sì, insomma, più o meno.

Agito una mano in aria: «Lascia perdere! A volte sono un po' confusa».

«Sai qual è la verità?» ribatte lui.

Faccio no con la testa, anche perché Michael mi guarda in un modo che mi rende impossibile spiccicare parola.

«Che sei troppo sensibile, l'ho capito appena ti ho vista.»

Okay, adesso posso anche morire felice.

Anna e Andrea ci raggiungono gridando come due mandriani al pascolo: «Merenda del perdono in arrivo!».

Michael mi guarda con una faccia che dice "Che ti avevo detto?" e io gli rispondo con una che dice "Quei due sono fatti uno per l'altra".

La mia amica mi butta le braccia al collo: «Ti ho preso la merendina cioccolato e nocciole che ti piace tanto!». Poi mi guarda negli occhi e aggiunge: «Scusami, volevo solo prendervi un po' in giro. Lo sai che sono fatta così».

Afferro la mia merendina preferita e sorrido: «Scuse accettate».

Ce ne andiamo tutti e quattro verso il cortile della scuola, chiacchierando di Sisti, del laboratorio del giorno prima e delle merendine della macchinetta. Anna è felice, alla faccia del 5, i ragazzi sono simpaticissimi, e io riesco a resistere alla tentazione di prendere il cellulare e controllare i miei profili social. Forse era davvero solo una frase. E la ricaccio, quella frase, nell'angolino più remoto che riesco a trovare nel mio cervello.

La campanella suona. Michael mi ha appena dato il suo numero di cellulare. Ora mi guarda negli occhi: «Vi aspettiamo all'uscita?».

«Abbiamo Scultura fino alle quattro» si dispera Anna.

«E allora vi aspettiamo da Checco per fare merenda» conclude Andrea, prima di alzare una mano per darle il cinque.

«E adesso come faccio?» dico ad Anna, mentre aspettiamo il prof nell'aula di Scultura.

Presa dall'entusiasmo mi sono completamente dimenticata della mia punizione. Mia madre, che oggi dà il cambio a mio padre, verrà a prendermi davanti alla scuola alle quattro.

«Altro che merenda da Checco!» mi dispero.

Anna ci pensa su un po'. «E se le parlassi io? Le dico che dobbiamo finire una ricerca insieme» salta su, con l'aria di chi ha appena scoperto l'America.

Scuoto la testa. Mia madre è odiosa, ma non scema.

«Non posso venire e basta» concludo.

Carpi arriva carico di un entusiasmo che stona con il mio umore: «Siamo pronti, giovani Michelangelo?».

Saranno tre ore lunghissime.

Mia madre non è nemmeno scesa dalla macchina, ha suonato il clacson quando mi ha vista uscire.

Ero così imbarazzata che ho salutato di corsa Anna e ho lanciato un'occhiata da lontano a Michael.

Lui e Andrea ci aspettavano già davanti a Checco. Chissà quanto si divertiranno.

Seduta accanto a mia madre non posso nemmeno usare il cellulare perché a lei viene la nausea se legge quando va in macchina ed è convinta che succeda la stessa cosa a chiunque.

Non ho voglia di sentirla gridare, ma è come se lo smartphone mi scottasse in tasca: sono arrivate due notifiche di messaggi di Michael.

«Potresti mettere la vibrazione? Questo trillo mi dà sui nervi» si lamenta, quando arriva la terza.

Quinto teorema di quel disastro di Emma: a volte il destino ti è favorevole, quindi sfruttalo.

Prendo subito il telefono, tolgo in un secondo la suoneria e in quello successivo leggo i messaggi di Michael:

Anna mi ha detto della tua punizione. Mi dispiace tantissimo. La settimana prossima recuperiamo. ☺

Mia madre mi sbircia, perplessa: «Che hai da ridere?».

«Niente, pensavo che alla fine non è male quando venite a prendermi a scuola.»

Lei scuote la testa senza capire.

«Ah, quasi mi dimenticavo» riprende. «È passata a cercarti Jess. Era strana.»

Chiarimenti

Alla fine Jess le è sembrata così tanto strana che mia madre ha fatto una cosa che non farebbe mai per nessun'altra persona al mondo: mi ha permesso di andare da lei anche se sono ancora in punizione.

«Ma sia ben chiaro che questa è l'unica eccezione» ci ha tenuto a precisare. «E che lo faccio per educazione nei confronti di Jessica e dei suoi genitori, ricordatelo.»

Così, il tempo di arrivare a casa e lasciare lo zaino, e sono uscita subito.

Potrei arrivare a occhi chiusi fino a casa di Jess. Conosco a memoria le tre strade che mi separano dal suo palazzo, quando svolto nell'ultima mi giro sempre a salutare Pippo da lontano, e l'istante dopo sono al suo portone.

Jessica abita in un palazzo di tre piani, come il mio, solo che lei sta all'ultimo, non al secondo, in un appartamento un pochino più grande del nostro, anche se loro sono in tre e noi in quattro. A parte la grandissima terrazza dove nell'estate della quinta elementare Elisa ha montato una piscina solo per noi, la cosa che mi piace di più di casa sua è la stanza che chiamano studio. Di solito ci lavora sua madre quando non va in ufficio (è un avvocato), ma quando lei non c'è e soprattutto al sabato sera, le volte in cui i miei mi danno il permesso di uscire, quello è il nostro mondo.

Ci stendiamo sul divano, una da un lato e una dall'altro e con il cartone della pizza e la lattina della coca diventiamo le padrone dell'universo.

Quando suono il citofono con il nostro codice segreto (tre squilli ravvicinati, pausa, due squilli ravvicinati, pausa, uno squillo), il portone si apre subito senza che nessuno chieda "Chi è?".

Salgo facendo i gradini a due alla volta e, quando arrivo sul pianerottolo, Jess è già lì che mi aspetta sulla porta.

Per strada pensavo che forse ci saremmo sentite in imbarazzo perché non siamo mai state tanti giorni senza sentirci ed è chiaro che deve esserci qualcosa che non va, invece ci scambiamo i nostri soliti due baci e la cosa mi fa sentire molto sollevata.

Entrando in casa le dico: «Ho un sacco di cose da raccontarti!».

Vorrei che Jess fosse sempre con me come alle medie. Certo, Anna è stata una grande scoperta ed è un'ottima amica, ma Jess è Jess e mi manca. Questi giorni silenziosi sono stati terribili senza di lei, soprattutto quella cosa è stata terribile senza di lei.

«Ah, sì?» fa lei, andando verso la sua camera.

Entro, mi siedo su un lato del letto, lasciando come

al solito spazio per Jessica, e attacco: «Mi sei mancata tantissimo in questi giorni».

Invece che sedersi accanto a me, Jess si appoggia con la schiena alla scrivania e rimane lì a fissarmi.

Prendo un respiro profondo. È inutile girarci intorno, mi faccio solo del male, e ci sono già gli sconosciuti che pensano a farmene abbastanza.

«Okay» le dico, alzando le mani. «Che cosa succede?»

«Davvero non hai capito?» spara, senza mezzi termini.

«Capito cosa?» mi metto sul bordo del letto, in bilico. «Hai detto che non c'eri per il nostro solito sabato pomeriggio, che mi avresti spiegato, e poi sei sparita.»

Il suo sguardo diventa gelido come non l'ho mai visto da quando ci conosciamo, nemmeno quella volta che in prima media Erica Terri non ci aveva invitato al suo compleanno e lo avevamo scoperto solo il giorno dopo in classe.

«Una volta era il *nostro* solito sabato pomeriggio» mi dice, secca, indicando me e lei.

Il mio cervello gira a mille, cerco di rimettere insieme i pezzi, ma non ci riesco. Ho bisogno che Jess mi spieghi: «Non capisco. Che cosa intendi? Mi sembrava che andassi d'accordo con Anna».

Jessica si siede sulla scrivania e scuote la testa: «Ma sì, certo, ci vado d'accordo, anche perché non ho altra scelta».

Adesso sono io che scuoto la testa: «Continuo a non capire».

«Da quando hai cominciato l'artistico e hai conosciuto lei, non hai mai più trovato un minuto» e alza un dito dritto davanti al viso con un'aria di accusa, «un solo minuto per stare noi due da sole. Pensa che illusa! Credevo che, dicendoti che non uscivo, saresti venuta almeno a vedere perché.» Riprende fiato e continua senza esitazione: «Invece, l'hai presa per buona e fine. E poi, sabato c'è stata la punizione e lunedì hai saltato gli allenamenti, ma al laboratorio con Anna ci sei andata. E poi mi hai mandato quel messaggio che francamente non ho capito. Dopo tre giorni che non mi senti e non ti preoccupi di chiedermi come sto, perché chiedi aiuto a me? Tu non hai bisogno di me. Tanto c'è Anna, no?».

Sgrano gli occhi e vorrei dirle che non è vero, ma all'improvviso mi rendo conto che ha ragione: a parte le prime due settimane di scuola, quando Jessica e Anna non si conoscevano ancora, è più di un mese che facciamo tutto in tre. D'un tratto mi passano davanti agli occhi tutti i momenti che abbiamo condiviso e tutti i selfie che ci siamo scattate. Sono bellissimi. Jess è la maga dei selfie. Ma ora anche quelli cominciano ad avere un significato del tutto diverso. Sono io che non ho capito lei o lei che non ha capito me?

«Mi dispiace» le dico, perché non riesco a dire altro. «Sono stata una scema, hai ragione.»

Si mette a braccia conserte e riprende: «Anche il nostro venerdì sera "pizza e serie tivù" è diventato il venerdì sera con Anna. Ma ti ricordi quanto tempo ci abbiamo messo a convincere i tuoi a lasciarcelo fare? E adesso arriva Anna e ci si accomoda, felice e contenta».

Jess ha di nuovo ragione, anche se sento una fitta al cuore a doverlo ammettere.

«Ma perché non me lo hai detto prima?» le domando.

«Perché ti voglio bene» mi risponde, candida, con un'espressione sul viso che mi fa salire le lacrime agli occhi. «Perché ti voglio bene e so che Anna è l'unica persona con cui sei riuscita a creare un legame a scuola. Non potevo pretendere che tu rinunciassi a lei» mi spiega, e salta giù dalla scrivania. «Io non sono lì con te, ma lo so come sei fatta, hai bisogno di un'alleata o finisci per chiuderti del tutto nella tua timidezza.»

Balzo su dal letto e corro a buttarle le braccia al collo: «Scusami! Scusami tantissimo, Jess!». Come ho fatto a essere così idiota da non capirlo? «Sono stata un'egoista.»

Jess mi guarda e mi asciuga le lacrime: «Gli amici sono sempre pronti a capirsi».

«Ti prometto che le cose cambieranno e avremo di nuovo tempo per stare noi due da sole» le dico. «Lunedì, per esempio! Io esco dal laboratorio alle cinque. In un quarto d'ora sono davanti alla palestra e ce ne andiamo al Bar Sport lì di fronte a prendere il caffè con panna montata.»

Jess adora il caffè con panna montata.

Infatti, mi sorride e annuisce: «Hai promesso, mi raccomando».

«Sì! Promesso!» ribatto, e mi sento subito meglio.

Jess è di nuovo con me, non può succedermi niente di brutto perché lei è mia amica e mi vuole bene per come sono, pregi e difetti, pacchetto completo. Lei mi vuole bene anche se mi sento una sfigata.

«E adesso dimmi che cosa ti è successo ieri sera di così brutto» aggiunge.

Scuoto la testa. «Era solo una sciocchezza, è già passata» le dico. «È tutto okay.»

Jessica annuisce, ma io ho la sensazione che non sia per niente okay.

Di nuovo al lavoro

Credevo che l'impresa sarebbe stata sopravvivere alla settimana di punizione, ma mi rendo conto solo adesso, adesso che è lunedì e ci troviamo attorno al tavolo del laboratorio del nostro gruppo, che la vera impresa sarà arrivare in fondo a questo pomeriggio.

È passata una settimana esatta ed è successo proprio quando sono uscita da qui sentendomi sicura di me, soddisfatta, in pace con me stessa e con il mondo. Credevo di aver dimenticato, di aver superato e, invece, continuo a rivedermi davanti agli occhi quella frase: NON SEI PROPRIO CAPACE.

Chi l'ha scritta è solo un vigliacco, mi ripeto, un vigliacco che si nasconde dietro a un profilo anonimo.

Anche se il fatto di non avere un volto a cui domandare "Perché?" forse dovrebbe tranquillizzarmi. In fondo, questo hater – e all'improvviso questa parola mi fa paura – sarà lontano, dietro il suo piccolo schermo di una città che nemmeno conosco e mai conoscerò.

Eppure riesco solo a sentirmi spezzata, divisa fra la

sensazione di essere accerchiata da un nemico invisibile pronto a giudicare ogni mia mancanza, ogni mio difetto, e l'idea che dovrei fregarmene, in fondo è solo una frase scritta da chissà chi e chissà dove.

«Sembra che la settimana sia stata piuttosto produttiva» dice la prof, esaminando i bozzetti che lei e Carpi ci hanno chiesto di preparare per il dossier che dovremo presentare a fine laboratorio. «È un sacco di lavoro e tutto di ottima qualità.»

Alza la testa dai fogli, mi guarda e aggiunge: «Brava, Damiani».

Tre, due, uno... ed ecco che mi ritrovo nel posto in cui non vorrei mai stare, soprattutto oggi, per niente al mondo: al centro dell'attenzione.

«Veramente io non ho fatto niente di speciale» ribatto, accennando verso i miei disegni mescolati con gli altri sul tavolo. «Sono molto semplici. Lara ed Elena ne hanno fatti di migliori.»

«Sono d'accordo» mi dà ragione la prof. «I loro sono più dettagliati. Hanno capito meglio di te come si progetta su carta un elemento decorativo.»

Gli occhi di tutti ora sono puntati sulle due autrici di bozzetti impeccabili e io torno a respirare, chiusa di nuovo nel mio angolino. Lara ed Elena sono decisamente più brave di me, anche a gestire le attenzioni.

«Però» riprende la Riva «da quello che ho visto la settimana scorsa, diciamo che hai saputo dare la spinta giusta al lavoro del gruppo.»

«Evviva Emma!» grida Anna, alzando le braccia con aria trionfante.

E gli altri fanno partire un applauso.

Io avvampo, mentre la mia amica mi dà una gomitata e Michael mi sorride con il pollice alzato.

Mi sento un'imbrogliona. Come se n'è accorto uno sconosciuto, presto tutti scopriranno che non ho un briciolo di talento.

«E adesso, tutti al lavoro! Ciascuno si occupi della sua parte. Io girerò a controllare tutti» conclude la professoressa.

Per rapidità – mancano solo sei lunedì alla festa di Natale e le cose da fare sono tantissime – la prof ci ha diviso in coppie.

Anna, neanche a dirlo, lavora con Andrea ai giocattoli di polistirolo che andranno sotto l'albero insieme ai pacchetti. Ovviamente ci sarà un "unicorno a dondolo", come ha annunciato la mia compagna di banco poco fa, virgolettando come al suo solito.

Carlo, che è in coppia con Elena, ha portato una tonnellata di palline da ping pong e ora discutono su quali colori sia meglio usare per dipingerli: lui aveva già scelto gli acrilici, ma lei dice che con le bombolette farebbero più in fretta.

Marta sembra contenta di essere finita con Luigi: lui non ha idea di come si faccia una ghirlanda con il cartoncino e lei può guidarlo alla scoperta di questo nuovo mondo che conosce tanto bene.

Lara lavora con la ragazza senza nome, e insieme dovranno fare le decorazioni per l'albero.

Invece, come avevo intuito la scorsa settimana, a quelle per i pacchetti ci pensiamo Michael e io, che siamo stati incaricati proprio di fare e decorare pacchi, pacchetti e pacchettini da mettere sotto l'albero insieme ai giocattoli finti.

Nonostante tutto – l'hater, la mia ansia, il cuore che mi batte in gola, i sudori freddi anche se è novembre – siamo riusciti subito a coordinarci alla perfezione nel lavoro, senza bisogno di grandi spiegazioni o divisioni di ruoli.

«Cominciamo con gli stencil per la carta, che dici?» mi chiede lui.

«Dico che mi hai letto nel pensiero» gli rispondo, ripescando fuori dalla mia cartelletta le sagome approvate dalla Riva. «Potremmo cominciare con gli abeti.»

«E se li facessimo di grandezze diverse?» dice Michael. «Il foglio è davvero enorme, possiamo alternare alberelli più piccoli e più grandi.»

«Sì, bello!» e mi stupisco io stessa di aver ritrovato d'un tratto tanto entusiasmo. «Ma abbiamo solo una sagoma grande.» Gliela mostro. «Per farne una piccola, dovremmo rimpicciolire il disegno di base e ritagliarne un'altra.»

Michael si alza e chiede: «Prof, possiamo andare in segreteria? Ci serve la fotocopiatrice».

La Riva annuisce e ci fa segno con la mano di andare. «Ma in fretta» aggiunge, quando siamo già sulla porta.

Michael mi prende per mano e mi trascina in corridoio.
Il cuore mi si ferma. Oddio, sta succedendo davvero?

«Emma!»

Lara ci gela a pochi passi dalla porta. Lascio la mano di Michael e, quando ci voltiamo, la nostra compagna ci ha già raggiunto. Ha un'aria agitata.

«Scusatemi, ma Giovanna» e accenna verso la porta «non è di grande aiuto con le decorazioni.»

«Chi è Giovanna?» domanda Michael, piuttosto perplesso.

«La ragazza in coppia con me» risponde Lara, con un sorriso tirato.

«Ah!» salta su lui. «È così che si chiama! Pensa che io...»

Ma lei non gli lascia finire la frase e grida: «Non è questo il punto!».

Sembra piuttosto irritata, ma dura un istante, come una nuvola che passa sul sole, e subito torna la Lara di sempre. «Oh, scusate! È solo che ho paura che non ce la faremo mai noi due sole. Quell'albero è gigantesco. Allora ho chiesto alla Riva se poteva affiancarci qualcuno almeno oggi» mi spiega, guardandomi con aria supplichevole. «E lei mi ha detto di chiedere a te, visto che la settimana scorsa ci hai fatto vedere quel video con le decorazioni natalizie.»

Il cuore riprendere a battermi in gola, ma questa volta è per quella frase che torna e mi sorprende quando avevo abbassato per un istante la guardia: NON SEI PROPRIO CAPACE.

«Io veramente...» Non so che cosa dirle.

Michael inarca un sopracciglio, fa un sorriso storto e mi dice: «Vai tranquilla, ci penso io agli abeti». E si allontana facendomi una boccaccia.

Lo guardo sparire in fondo al corridoio, poi mi volto e mi sforzo di sorridere a Lara.

«Spiegami bene che cosa dobbiamo fare» le dico, seguendola in aula.

Il calore della mano di Michael è ancora lì nella mia.

Dopo un'ora e mezza di lavoro, le decorazioni di Lara e della ragazza senza nome hanno cominciato finalmente ad avere un senso. Abbiamo riguardato insieme il mio tutorial, abbiamo fatto insieme alcune modifiche perché ci serviva qualcosa di più brillante e colorato di quello che avevo fatto io lo scorso anno e adesso ci sono quattro tipi diversi di decorazioni che potranno scintillare sull'albero, insieme alle palline non più da ping pong, alle ghirlande e alla neve finta.

Per i primi minuti ho avuto il terrore che per una qualche ragione Lara o la ragazza senza nome avrebbero potuto mettersi a scorrere i commenti e trovarne uno di eccola_la_verità anche sotto questo video. Ma poi, il lavoro mi ha rilassata, muovere le mani, mettere insieme i pezzi, vedergli prendere una forma mi ha rimesso in pace con me stessa.

Dalla cassa che Andrea ha collegato al suo telefono, Beyonce canta *Baby, I can feel your halo, Pray it won't fade away, I can feel your halo halo*. E forse è anche per questo che mi sento un pochino più leggera.

Quando torno da Michael, ha appena finito di ricoprire di abeti grandi e piccoli un enorme foglio di carta da pacco. Lo trovo con la spugna imbevuta di colore in una mano e la mascherina dello stencil nell'altra.

«Che meraviglia!» gli dico, ammirando il suo lavoro. «E se gli facessimo il contorno più scuro?»

«Ah, ma brava! Io sfacchino da solo per un'ora e mezza e tu arrivi giusto in tempo per la rifinitura del lavoro» mi dice, guardandomi con aria divertita.

Io avvampo: «Scusami, io non volevo... non pensavo...».

Michael si mette a ridere, una risata divertita, e io ricomincio a respirare.

«Stavi scherzando!» butto fuori, insieme all'aria che avevo trattenuto fino a quel momento.

«Certo che stavo scherzando! Mi piace farti arrossire» continua, mentre raccoglie due pennelli da terra, proprio accanto al foglio. «Tu prenderesti quelli, per favore?» E accenna verso la vaschetta per il colore e un tubetto di tempera verde.

«È di un tono più scuro?» gli chiedo, accostando il tubetto agli abeti dipinti sulla carta.

Lui annuisce e, il tempo di preparare il colore, ci mettiamo all'opera. Lavoriamo fianco a fianco in silenzio, concentrati, impegnati.

Di tanto in tanto mi guardo intorno, e la scena che vedo mi piace tantissimo.

In sottofondo, gli Imagine Dragons cantano *When you feel my heat, Look into my eyes, It's where my demons hide*.

Ovunque guardi, sono tutti impegnati e concentrati sul proprio lavoro.

C'è chi si capisce al volo, come Anna e Andrea, e dalla massa informe di polistirolo, colori e colla sta già cominciando a dare forma all'unicorno a dondolo.

Lara e la ragazza senza nome hanno preso il ritmo: la scatola accanto a loro sta cominciando a riempirsi. Sono felice di averle aiutate.

Anche se non sei proprio capace…

Scuoto la testa per scacciare questa frase, mi concentro di nuovo su quello che succede intorno a me.

Marta ha insegnato a Luigi tutti i segreti delle ghirlande. Credo che ne faranno quattro o cinque chilometri se continuano così.

Carlo, invece, vorrebbe convincere Elena a usare un grosso secchio di vernice acrilica rossa, uno di vernice argento e uno di vernice dorata per immergerci le palline e colorarle più in fretta, ma ottenendo colori più brillanti rispetto alla bomboletta.

Elena si accorge che li sto guardando e mi chiama: «Emma, diglielo anche tu che non si fa così!».

«In effetti…» confermo, allargando le braccia.

«Ormai sei il nostro guru del Natale» mi dice Michael,

fissandomi negli occhi così da vicino che i nostri nasi quasi si toccano.

Io arrossisco e rimango in silenzio, mentre con lo sguardo basso e le mani che tremano finisco di ripassare il contorno di un abete.

Michael si alza per vedere il lavoro nell'insieme.

«Mi sembra ottimo» commenta soddisfatto, prima di spostare lo sguardo su di me. «Brava!»

Io ribatto: «Bravi, vorrai dire. Ci abbiamo lavorato insieme e anche Lara e l'altra ragazza...».

«Giovanna» aggiunge Michael.

«Giovanna» ripeto io, appoggiando il pennello nella vaschetta del colore «ci hanno aiutato a preparare le mascherine la settimana scorsa.»

E siccome non so dove mettere le mani, le infilo in tasca e trovo il cellulare.

«Faccio qualche foto» aggiungo. «Magari le metto su Instagram.»

E appena lo dico, già me ne sono pentita.

«Insomma, vuoi diventare una star del web» commenta Michael.

Io scuoto la testa, decisa, e spero che non si accorga che le mie mani tremano troppo.

«E allora perché lo fai? Perché pubblichi le foto e i video? Cioè, le foto okay, piace anche a me far vedere agli altri quello che faccio. Ma i video? Tutto quello sbattimento per che cosa? Io mi romperei dopo un po'» riprende lui.

«Mi diverto.» Ed è davvero così.

Michael sembra perplesso. Come faccio a spiegarglielo?

«È tipo come quelli che legano un messaggio a un palloncino» riprendo «e lo fanno volare via senza sapere se resterà impigliato in un albero o se finirà nel giardino di qualcuno. È bello se qualcuno legge il messaggio e rimane sorpreso, o divertito, e magari pensa di provare anche lui a mandare un messaggio nel nulla. Ma far volare il palloncino è divertente in sé, senza sapere dove arriverà.»

Intanto la prof si è avvicinata per vedere come procede il lavoro.

«Ottimo! Che cosa vi resta da fare?» domanda.

«Decorare ancora quattro fogli e cominciare a riparare le scatole che abbiamo portato da casa per fare i pacchetti» spiega Michael.

«Con cosa tagliate la carta?» chiede la Riva.

Michael prende il cutter e glielo mostra.

«Fate attenzione con quello, evitiamo di farci male» dice lei, come se stesse parlando a due bambini che fanno i lavoretti alla scuola materna. «Però velocizzatevi un po', altrimenti non finite più.»

E dopo aver sparso le sue perle di saggezza, se ne va, lasciandoci a fissarci increduli.

«Dovrebbe mettersi d'accordo con il suo cervello, non trovi?» commenta Michael.

«Già! O siamo bambini che devono usare le forbici arrotondate o siamo...» mi blocco e ci penso su un attimo «esperti elfi di Babbo Natale perfettamente in grado di maneggiare qualsiasi strumento da lavoro.»

Michael ridacchia e scuote la testa. Il ciuffo ribelle si alza e gli ricade sugli occhi.

«Prendi il rosso che adesso facciamo la carta a strisce, piccolo elfo.»

«Agli ordini» rispondo, sforzandomi di sorridere.

Quando mi volto per cercare la scatola dei colori, Carlo mi sta fissando imbronciato, ma Elena lo richiama: «Pensi di darmi una mano anche tu prima o poi?».

Raggiungo Lara e la ragazza senza nome.

«Avete finito con questi?» chiedo indicando il grosso tubo di rosso che stanno usando per le decorazioni. Ce ne sono altri due, ma i prof ci hanno raccomandato di finire sempre quello già aperto prima di iniziarne un altro.

La ragazza senza nome me lo allunga con un sorriso: «È tutto tuo».

Lara mi mostra la decorazione che ha appena finito. È una stella di cartoncino che lei ha colorato di argento e decorato con piccoli cuori rossi.

«Sei un po' orgogliosa di me?» mi dice. «Il tuo video ci è stato proprio utile.»

«È bellissima!» le dico.

Sembra che il messaggio che ho legato al palloncino sia arrivato nel giardino di qualcuno.

L'eco di quella frase si fa sempre più lontano.

Forse dovrei smettere di avere paura.

Troppo tardi

Jess non alza nemmeno lo sguardo, ma forse dovrei già essere contenta che sia ancora qui ad ascoltarmi.

«Lo so che te lo avevo promesso» le ripeto per la millesima volta. «Scusami! Scusami! Non potevo venire via così, i prof ci hanno chiesto di fermarci a finire, te l'ho detto.»

Lei continua a fare i suoi allungamenti con un piede appoggiato a un piolo della spalliera, se ne sta piegata in avanti e non mi guarda. A questo punto non so nemmeno più se mi ascolti.

Intorno a noi, le altre ragazze del gruppo fanno la solita corsa di riscaldamento, che in effetti dovrei fare anch'io visto che sono appena arrivata. Jess, invece, l'ha già finita perché è qui da un quarto d'ora, dopo avermi aspettato inutilmente per mezz'ora davanti al Bar Sport qui di fronte.

«Dimmi qualcosa, ti prego!» sbotto.

Il chiacchiericcio delle nostre compagne di allenamento si ferma una frazione di secondo, il tempo che Lucia dica «Coraggio! Muovete le chiappe!», e poi ci avvolge di nuovo.

Jessica si stacca dalla spalliera e finalmente mi guarda. Mi guarda dritto negli occhi e nel momento esatto in cui lo fa vorrei che non lo avesse mai fatto: non c'è niente di Jess, della mia Jess in quello sguardo.

«Non hai bisogno di giustificarti» mi dice, fredda. «Certo, un messaggio potevi mandarlo, ma si vede che evitare di lasciare la tua migliore amica come una scema davanti al bar per mezz'ora non rientra fra le tue priorità. Adesso hai altro a cui pensare. Io sono passata di moda.»

«Non è vero» protesto io.

«È verissimo, invece» ribatte lei. «Ma lo capisco, sai. Io non cambio colore di capelli una volta alla settimana.»

Dov'è finita la mia Jess? Quella che raccoglieva castagne matte come me? Quella che rideva a crepapelle e mi schizzava nella piscinetta sulla terrazza di casa sua?

«Sei ingiusta con me» ribatto, ma senza alzare la voce, non ce la faccio. «Io ci sono sempre stata per te, sempre, a correre quando avevi bisogno, a consolarti, a condividere tutto con te. E adesso? Dovresti solo essere felice che io abbia conosciuto Anna e che anche tu l'abbia conosciuta.»

Adesso Jessica ha un sorrisino storto in faccia, che mi ricorda troppo quello delle quattro in prima fila.

«Non ho niente da condividere con una come Anna» mi dice. «E comunque, sì, sono felice che tu l'abbia conosciuta, soprattutto perché da questo momento è l'unica amica che ti rimane. Spero che te la sia scelta bene.» E se ne va senza aspettare che io dica nulla.

«Ma io ho bisogno di te!» le grido dietro. Le lacrime mi gocciolano giù dal mento, ma non so nemmeno quando ho cominciato a piangere. «Ho bisogno del tuo aiuto!»

«Tu hai bisogno solo di te stessa» mi sibila lei di rimando, nel silenzio spettrale della palestra affollata.

Lucia interviene: «Avanti, continuate a riscaldarvi voi!».

Mi raggiunge di corsa mentre sono già in corridoio. «Emma, aspetta!» mi dice. «Si può sapere che cosa succede?»

Io singhiozzo e riesco solo a dirle: «Devo andare a casa... scusami... ho sbagliato tutto... devo andare a casa».

Il mondo mi sta crollando addosso e io non so come fare a fermarlo.

L'annuncio che non andrò più agli allenamenti di ginnastica artistica è stato il momento più felice che ho vissuto in casa mia nell'ultimo anno.

Neanche a dirlo, i miei non hanno mai visto di buon occhio il fatto che io dedicassi tante ore a uno sport. Se non fosse stato per Lucia e per la mamma di Jess, la maggior parte delle volte non avrei avuto nessuno ad accompagnarmi alle gare.

«Questo è quello che definisco un comportamento responsabile» commenta mio padre, tagliando un altro pezzo dalla sua bistecca.

«C'entra qualcosa la scuola?» interviene mia madre. «Forse il carico di lavoro è troppo?»

E mi guarda con una faccia che in realtà domanda "Vuoi dire che si avvicina il momento in cui dovrai ammettere che l'artistico non fa per te?".

Giocherello con le foglie dell'insalata e scuoto la testa: «No, è che mi sono stancata. Dopo tutti questi anni mi è passata la voglia».

Mia madre si limita a mugugnare un "Mh… Mh…" con la bocca piena e la conversazione finisce lì.

A volte non è così negativo avere due genitori interessati solo alla facciata della tua vita. Non si sono nemmeno accorti che ho pianto.

Alzo lo sguardo dal piatto. «Non ho più fame. Posso andare in camera mia?» domando.

Mio fratello mi fissa con un'aria strana, sembra preoccupato. Ed io riabbasso subito lo sguardo.

«Vai pure» mi concede papà in via del tutto eccezionale (la regola è che ci si alza da tavola solo quando tutti hanno finito di mangiare). «Mi sembra che tu sia piuttosto stanca.»

«Già, piuttosto stanca» mi dico, chiudendomi alle spalle la porta della mia camera.

Stesa nel letto guardo il soffitto e ho la testa così piena di pensieri che non riesco nemmeno a rimuginare su qualcuno in particolare.

Il braccialetto che ho ancora al polso sembra che bruci, che sia diventato troppo pesante per il mio braccio (o forse per il mio cuore?). Alzo il braccio e guardo il ciondolo oscillare appena.

«Che senso ha?» mi domando a voce alta.

Mi metto a sedere, giro il polso, cerco la chiusura e la sgancio. Il braccialetto cade, il ciondolo si sfila. Raccolgo tutto dal letto e lo butto nel cassetto del comodino.

E adesso posso infilarmi gli auricolari e aprire Spotify.

White lips, pale face. Breathing in snowflakes...

Non riesco a ricordare con precisione le parole di Jess, ma ricordo perfettamente il suo sguardo, ed è la cosa che mi fa più male. Le uniche parole che ricordo sono quelle di quello stramaledetto commento, le uniche che vorrei dimenticare, ma non ci riesco.

She's in the Class A Team. She's stuck in her daydream...

Dalla sala da pranzo mi arriva la sigla del telegiornale e dopo un attimo sento il rumore dell'acqua che scorre. Ale sta sciacquando i piatti prima di metterli in lavastoviglie.

Prendo il telefono e alzo ancora di più il volume. Voglio stare sola, non voglio niente a ricordarmi dove sono, chi sono.

Ripped gloves, raincoat. Tried to swim and stay afloat...

Chiudo gli occhi e mi rivedo davanti Jess, poi Anna, poi Michael.

Mi sfugge un sorriso e ripenso al laboratorio di oggi, "Vuoi diventare una star del web?"...

Apro gli occhi, apro la cartella con le foto che ho scattato. Sono belle, sono venute davvero bene. La carta da pacco decorata con gli abeti fa un figurone. Sembra più bella in foto che dal vivo. E poi ci sono le decorazioni che abbiamo fatto con Lara e la ragazza senza nome, sono molto carine anche quelle. Ci sono le stelle, i cuori, i piccoli pupazzi di neve e i bastoncini di zucchero bianchi e rossi.

Ci metto solo pochi minuti, scelgo sette immagini, le edito poco perché sono già abbastanza carine così, le carico sul mio profilo di Instagram e scrivo: il frutto del duro lavoro del laboratorio di oggi a scuola. Volete scoprire come abbiamo fatto questa bellissima carta da pacco e queste scintillanti decorazioni per la nostra festa di Natale? Torno presto con un video! Per vedere gli altri che ho già caricato, link in bio ☝. Buona visione!

La mia vita ha deciso di andare a rotoli? Sono curiosa di scoprire se posso darle una mano.

Mi abbandono di nuovo sul letto, spengo anche la piccola luce sul comodino e chiudo gli occhi.

There was a time when I was alone. Nowhere to go and no place to call home…

Poi arriva una notifica.

Troppo da vicino

Mi sveglio nel cuore della notte arrotolata nella coperta, come se avessi appena finito di lottare con un nemico invisibile. Non fa per niente caldo, ma io sono così sudata che mi si potrebbe strizzare.

Le orecchie mi ronzano e la testa mi gira, sento il cuore in gola e mi manca il respiro.

«Era solo un sogno» dico a voce alta, come se volessi la certezza di essere sveglia.

Non ricordo nemmeno il sogno, ma ricordo la frase che continuavo a sentirmi ripetere. Me la ricordo perché è la stessa che ho letto poche ore fa sotto le mie ultime foto: A SCUOLA TUTTI PARLANO MALE DI TE, SEI PROPRIO RIDICOLA.

Io non scriverei mai una cosa del genere a qualcuno, penso. *Non la penserei nemmeno.*

Scuoto la testa, voglio scacciare quelle parole, voglio che escano dal mio cervello e non tornino mai più. Che spariscano loro ed eccola_la_verità, che non ha il coraggio di dirmele in faccia queste stramaledette parole.

Perché adesso è chiaro che potrebbe affrontarmi, nel

corridoio della scuola, o forse addirittura nella mia classe, ma è troppo vigliacco per farlo.

O tu sei troppo sfigata per meritarlo, mi ritrovo a pensare.

Sto diventano la peggiore nemica di me stessa?

Afferro il telefono sul comodino e faccio illuminare lo schermo: le 3.18. L'idea di avere ancora davanti quattro ore di sonno in qualche modo mi tranquillizza. Finché sono qui, non c'è nessuno che può parlare male di me. Rimetto la testa sul cuscino, chiudo gli occhi e mi rivedo davanti la schermata con i commenti, con quel commento.

«Okay. Calmati, Emma» mi sussurro, con la coperta tirata fin sopra il naso. «Non può succedere niente. È solo uno scherzo cretino. Non succederà più.»

Penso e ripenso a quelle foto. A chi possono aver dato fastidio? Magari a qualcuno che voleva partecipare al laboratorio e non ha avuto il coraggio di farsi avanti. O forse non sono le foto, sono io. A chi sto così antipatica da arrivare a fare una cosa del genere? Mi vengono in mente solo le quattro del primo banco. In fondo, in questi primi mesi di scuola non ho conosciuto molte altre persone. A parte i ragazzi del laboratorio, certo. E se fosse qualcuno di loro? No, è impossibile. Lavoriamo tutti così bene insieme.

Il cuore manca un battito.

A SCUOLA TUTTI PARLANO MALE DI TE, SEI PROPRIO RIDICOLA.

E se fosse vero? E se io fossi stata così cieca fino a oggi da non accorgermene? Se io fossi davvero ridicola?

Chiudo gli occhi, stringo i denti, serro i pugni.

Piangere non serve a niente, ma è l'unica cosa che riesco a fare.

Sono loro?

La paura di essere chiamata a sorpresa era così grande che avevo programmato l'interrogazione e studiato per tutto il fine settimana. È stata quella la mia unica fortuna, quella che mi ha permesso di non sabotarmi da sola in Storia dell'arte, ma di arrivare alla cattedra e raccontare a Sisti gli elementi architettonici della polis greca, oltre ai dipinti rupestri che aveva spiegato due mesi fa.

«Insomma, Damiani» mi dice il prof, togliendosi gli occhiali e fissandomi con gli occhi sgranati come se si fosse accorto adesso che sono qui in piedi accanto alla cattedra «pare che io debba darti almeno 8 per questa interrogazione.»

Io faccio un mezzo sorriso e rimango lì a guardarlo.

E quindi? penso.

Intanto dalla prima fila parte il solito borbottio di commenti. Anna e io abbiamo imparato a non farci più caso, tanto è chiaro che a quelle quattro non va bene niente di quello che facciamo. Siamo troppo diverse per andare d'accordo, è questo il problema. Loro quattro sono la perfezione in tutto, mentre Anna è un vulcano che vive di colori e io, be', io sono sua amica. Di solito, non le sento nemmeno più, ma oggi, oggi è tutto diverso.

Mi volto e vorrei mettermi a gridare in faccia a tutte e quattro.

«Vai al posto, Damiani» mi dice Sisti. «Sciò! Via! Interrogazione finita. O vuoi candidarti per il 9?»

«Come no! Per il 9!» commenta Mia, a voce un po' troppo alta perché adesso sta suonando la campanella ed è sicura che nessuno la sentirà.

Le sue tre socie ridacchiano con lei e mi guardano.

E a quel punto, non ce la faccio più. In un passo sono davanti ai loro banchi e sbotto: «Be'? Qual è il vostro problema?».

Sofia commenta, divertita: «Senti, senti... Si è ammattita del tutto. Sei proprio ridicola!».

E mi rivedo davanti quella frase, la sento che mi entra di nuovo in testa, sembra che quelle parole taglienti mi si infilino sotto la pelle. Mi sorprendo a guardare la faccia divertita di Sofia e a pensare: e se fosse davvero lei?

«Ammattita sarai tu e le tue tre amiche senza cervello!» le grido, sporgendomi a un centimetro dalla sua faccia.

Aurora e Gaia la prendono per un braccio e la tirano indietro, la sua sedia gratta sul pavimento.

Sisti grida qualcosa, ma credo che sia solo uno dei soliti "Fate i bravi!" – e poi chi se ne frega di quello che succede davvero fra di noi – visto che se ne va senza chiedere spiegazioni.

Ed è a quel punto che arriva Anna, mi prende per un braccio e mi porta via.

L'ultima cosa che sento è Mia che grida: «Sì, portatela via la tua amica squilibrata!».

L'ultima cosa che vedo prima di arrivare in corridoio è la faccia di Mattia, seguita da quella di Nicholas e da quella di Davide: mi fissano a bocca aperta, neanche fossi un alieno.

Sono loro? Sono loro che parlano male di me? È uno di loro che scrive quelle cose?

«Ma si può sapere che cosa ti prende?» mi domanda Anna, allungandomi la bottiglietta dell'acqua che ha appena preso dal distributore. «Il patto non era che di quelle ce ne freghiamo?»

Prendo un sorso d'acqua e cerco di calmarmi. Vorrei rispondere ad Anna, ma dovrei raccontarle troppe cose che non so se ho voglia di condividere con lei. La guardo, lei è sempre così spensierata, sembra che non la tocchi nulla. Perché dovrebbe preoccuparsi per me? La mia migliore amica mi ha voltato le spalle quando le ho detto che avevo bisogno di lei, non vedo perché Anna dovrebbe comportarsi diversamente.

«Tu pensi che io sia ridicola?» le domando a bruciapelo.

Lei mi mette un braccio intorno alle spalle e ci avviamo insieme verso il bagno.

«No, penso solo che tu sia un po' fuori di testa, ma è il tuo bello» mi dice, spingendo la porta dei servizi.

Dalla coda, la nostra compagna Stefania ci saluta con un entusiasmo insolito.

«Vedi?» mi fa Anna. «In questo momento lei sta pensando che vorrebbe essere te perché in questi mesi si è sentita dire dietro di tutto da quelle quattro, ma non ha mai avuto il coraggio di affrontarle.»

All'improvviso non mi sento per niente orgogliosa di come ho reagito prima in classe.

«Quella non ero io» ribatto. «E non credo che Stefania vorrebbe essere quella ragazza. Non vorrei esserlo nemmeno io.»

Mi volto e me ne vado senza aspettare Anna. Come ha potuto dire una cosa del genere? Non ha capito niente di me, niente.

Lei mi segue, gridando: «Hai ragione! Manca l'aria lì dentro. Andiamo in cortile!».

Appena uscite dal bagno, in fondo al corridoio vediamo spuntare Andrea e Michael. Ci salutano e accelerano il passo, ma Anna fa un segno con la mano per dire che ci vediamo più tardi.

«All'uscita» dice muovendo solo le labbra.

Andrea alza il pollice e gira sui tacchi. Michael mi guarda interrogativo, ma io non ho nemmeno voglia di alzare la mano e salutarlo.

Quando arriviamo in cortile, un raggio di sole sta spuntando fra le nuvole e disegna una macchia di luce in un angolo.

«Corri prima che ce lo rubino!» mi grida Anna, trascinandomi con sé. «Ah! Che meraviglia!» esclama, sedendosi per terra come se fossimo al parco nel mese di maggio. «E adesso mi dici che cosa c'è che non va oggi?»

Mi appoggio al muro, rivolgo il viso al sole e chiudo gli occhi. «Che cosa ti fa pensare che ci sia qualcosa che non va?» le domando, mentre il calore mi scioglie il nodo che avevo dentro.

«Intuito da unicorno» risponde la mia amica. «Allora? Problemi a casa? Con Michael? Basta che tu lo dica e risolvo tutto con una buona dose di sculacciate.»

L'idea di Anna che sculaccia mio padre e mia madre mi strappa un sorriso.

«Davvero, che cosa c'è che non va?» riprende la mia amica.

«Tu pensi che io me la tiri?» le chiedo, di nuovo seria.

«Ho capito, è la giornata mondiale del "tu pensi" e nessuno mi aveva avvisata» risponde. Si alza, si spolvera il fondo dei pantaloni palazzo verde smeraldo e mi fissa: «A parte il fatto che io non penso né che tu sia ridicola né che te la tiri, ma in ogni caso l'unica cosa che conta è quello che pensi tu di stessa».

Annuisco, un po' più convinta e sollevata.

«Ma si può sapere da dove ti escono tutte queste domande esistenziali oggi?»

Strizzo di nuovo gli occhi contro il sole. «Non lo so, si vede che erano nell'aria.»

Riapro gli occhi e la guardo. Il sole adesso gioca con i

riflessi arcobaleno dei suoi capelli. «Ieri sera…» comincio, ma mi blocco subito.

Davvero voglio dare tutto questo peso a una frase sciocca? Perché è solo questo il problema, vero, Emma? Che cosa penserebbe Anna di me? Che sono davvero una sfigata.

Anna mi fa segno di continuare.

«Ieri sera ho studiato fino a tardi per l'interrogazione di oggi» riprendo, e abbasso lo sguardo su un sasso che sto cercando di seppellire con la punta della scarpa. «È per quello che ero un po' nervosa.»

Il suono della campanella rimbomba fra le pareti del cortile e Anna e io ci tappiamo le orecchie con le mani.

«Corri che dobbiamo ancora andare in bagno!» grida lei.

La inseguo su per le scale cercando di non incrociare lo sguardo di nessuno.

Un altro palloncino

Mamma e papà non hanno detto niente. Comincio a pensare che non si sentano bene.

Giovedì prima di cena ero entrata in cucina e avevo sparato tutto d'un fiato: "Questa settimana ho preso un altro 8, quindi credo di avere il diritto di usare un po' dei miei risparmi per fare quello che voglio e non solo per comprare le cose di scuola".

La mamma era troppo sconvolta per rispondere, mentre mio padre si era ripreso più in fretta e aveva risposto: "Va bene, ma solo perché tua madre e io siamo stanchi di discutere con te per ogni cosa. Però ricordati..." aveva alzato un dito in aria, cercando di sembrare solenne "... ricordati che la nostra fiducia si paga. Quindi, vedi di non farci pentire di averti concesso questa libertà".

Prendo l'occorrente per la realizzazione dei miei orecchini speciali a forma di renna, l'accessorio che non può mancare per la festa di Natale a scuola.

È sabato sera, sono a casa da sola come al solito – Ale non mi ha portato con sé nemmeno stavolta – e anche Anna deve essere uscita – chissà con chi, poi – perché non risponde ai miei messaggi su WhatsApp e non è online da un paio d'ore.

«O forse è meglio se faccio il cerchietto con le corna da renna?» domando alle mie vecchie bambole che mi guardano dalla mensola sopra la scrivania.

Loro non sembrano avere una preferenza, quindi resto sugli orecchini a forma di renna.

Prendo la scatola con tutti i pezzi della lavorazione che ho preparato fra ieri sera e oggi pomeriggio, li dispongo nella giusta sequenza sulla scrivania e, visto che ci ho preso gusto, mi metto a spiegare alle mie nuove amiche sulla mensola: «Li ho fatti con un materiale che si chiama fimo».

Loro non sembrano aver capito.

«È una specie di plastilina, ma più bella» aggiungo. «Diciamo che mi permette di fare una versione avanzata dei miei soliti pasticci.»

E all'improvviso mi cade addosso una stanchezza infinita, mi sembra che quei microscopici orecchini pesino tonnellate. Li guardo e mi sembrano bruttissimi, ma stasera ho deciso di resistere, di affrontare il mio nemico a viso aperto, almeno io.

Apro l'armadio, prendo la macchina fotografica e il cavalletto e monto tutto abbastanza distante dalla scrivania.

«Adesso metto a fuoco.» Dico sempre alle bambole, guardando nello schermo. «E siamo pronti per le riprese!»

"Basta un click" è diventata ufficialmente una delle frasi più ansiogene che io conosca.

Fino a qualche giorno fa non mi rendevo nemmeno conto di quante cose si possano fare con un click.

Aprire un link, caricare un video, mandare un insulto, ferire una persona.

«Allora, lo carichiamo?» chiedo alle mie amiche silenziose. «Chi ha qualcosa da dire parli ora o taccia per sempre.» Mi viene il sospetto che questa frase non c'entri niente, ma tanto loro continuano a stare zitte e la decisione spetta solo a me.

«Basta un click» dico a voce alta.

Lo faccio e carico il file del video per fare gli orecchini natalizi. Trattengo il fiato finché la rotella del caricamento non smette di girare e, quando la copertina compare nel rettangolo sullo schermo, ricomincio a respirare.

«Andata!» dico.

Mi alzo, prendo il telefono, mi metto gli auricolari e mi stendo sul letto lasciando accesa solo luce del comodino. Ormai mi sembra di passare più tempo qui in questa posizione che fuori nel mondo, nella vita che non so più riconoscere come mia. Chiudo gli occhi e sparo il volume della musica a palla.

Hey, hey, hey... Your lipstick stains on the front lobe of my left side brains. I knew I wouldn't forget you, and so I let you go and blow my mind...

Quando mi arriva la notifica apro il messaggio solo perché so che è WhatsApp.

Wow! Stai spaccando! mi ha scritto Anna da chissà quale festoso luogo del sabato sera.

In effetti, in cima allo schermo hanno già cominciato a comparire le notifiche dei like di Instagram, dove ho messo la foto degli orecchini e il solito link in bio.

Forse posso ancora toglierlo, penso per un istante.

Ma perché dovrei? Andiamo avanti. Qualcosa dovrà succedere.

E se…

«E se stasera guardassimo un film?» dico alle mie bambole.

Mi alzo, prendo il portatile e torno a letto. Muovo il mouse e lo schermo si illumina. Mi connetto a Netflix e comincio a leggere un elenco infinito di film. Poi apro un'altra pagina del browser e comincio a fare refresh e refresh sul mio canale YouTube.

Ma tengo il computer sulle gambe, non lo faccio vedere nemmeno alle bambole. Non voglio che lo sappiano, non voglio che sappiano quanto sono sfigata, quanto mi ci sento.

Per ora, eccola_la_verità tace.

Il peso delle parole

Questo lunedì Checco è così pieno che abbiamo dovuto accontentarci di un tavolino da due anche se siamo in sei.

Al solito gruppo, infatti, si è unita la ragazza senza nome.

«Ti giuro» mi sussurra Anna, quando andiamo al bancone a ordinare un'altra coca «non mi resta in testa, non lo faccio apposta. Com'è che si chiama?»

«Non me lo ricordo» le rispondo, voltandomi verso il tavolo alle nostre spalle. Per sedersi accanto a me Michael ha fatto spostare Andrea dicendogli: "Deve dirmi che cosa ha fatto questo fine settimana, non era mai online".

«Vedi che non succede solo a me?» dice Anna, battendo la mano aperta sul bancone.

Io grido di paura, il cuore mi si ferma, mi pare che tutto il bar si fermi come si vede a volte nei film, dove poi l'inquadratura si sblocca e le immagini ricominciano a muoversi sullo schermo.

Ma la vita reale non è un film.

Anna allarga le braccia e mi guarda con gli occhi sgranati: «Sei un po' elettrica. Che succede?».

Sbircio di nuovo il tavolo alle mie spalle. Sono circondata da persone simpatiche, dovrei sentirmi felice, ma invece riesco solo a pensare e ripensare che vorrei scappare, nascondermi, sparire per sempre.

«Andrea dice che oggi al laboratorio Michael ti chiederà di uscire» spara la mia amica.

«Cosa? Ma non può!» protesto io. E ovviamente arrossisco violentemente, illumino da sola tutto il locale.

Anna sembra incredula: «E perché non può? Sentiamo».

Perché sono una sfigata e sarebbe meglio che io non esistessi, vorrei risponderle, e se restiamo da soli dieci minuti se ne accorgerà anche lui, come se n'è accorto eccola_la_verità.

Così ha scritto questa volta: SAREBBE MEGLIO SE TU NON CI FOSSI.

Ha lasciato passare tutto il sabato sera e tutta la domenica. E stamattina, quando pensavo di averla scampata, è tornato. O dovrei dire tornata? Per la prima volta da quando è cominciata questa storia, mi rendo conto di non sapere nemmeno se ho a che fare con un maschio o una femmina, non so che età abbia – la mia? è più grande? –, so solo che è nella mia scuola, potrebbe essere nella mia classe, potrebbe essere chiunque.

E da quando lo so, mi è entrato in testa peggio di prima e ci sta scavando dentro come un tarlo.

Checco arriva involontariamente in mio soccorso: «Ecco le vostre coche, ragazze».

Andrea ci accoglie come se fossimo tornate da una spedizione nel deserto. «Un sorso anche a me!» implora, allungando le braccia verso Anna, che gli cede subito il suo bicchiere.

Mi siedo di nuovo accanto a Michael, anche se comincio a desiderare solo di tornare a casa. Perché vuole complicare le cose proprio adesso?

«Vogliamo sentire anche il vostro parere» dice la ragazza senza nome.

«Su che cosa?» fa Anna, riprendendo il bicchiere dalle mani di Andrea e facendo un sorso di coca.

La guardo stupida, come se la vedessi per la prima volta: come fa a essere così disinvolta? Come fa a sapere che quello che sta facendo sia la cosa giusta da fare? Non ha mai paura che qualcuno la critichi?

«Sul laboratorio» risponde Lara. «O meglio, su una coppia del laboratorio.» E dicendolo fissa me e Michael.

Io abbasso lo sguardo e cerco di nascondermi dietro al bicchiere.

«Secondo voi» riprende Lara «fra Carlo ed Elena c'è del tenero?»

«Cosa te lo fa pensare?» chiede Anna, appoggiando i gomiti sul bordo del tavolino.

«Niente di particolare, dicevo per dire» risponde lei, ma si capisce che non ci sta raccontando tutto.

La ragazza senza nome non si tiene più e spara: «Li ha visti insieme sabato in centro e si tenevano per mano!».

«Eccola la verità!» esclama Andrea, battendo le mani, e si mette a ridere.

La coca cola mi va di traverso, spingo indietro la sedia e fisso prima la ragazza senza nome e poi Andrea.

«Perché hai detto quella cosa?» lo assalgo. «Eccola la verità! Perché l'hai detto?»

Lui lo sa, ha letto, ha visto e adesso lo dirà a tutti, dirà a tutti quanto sono sfigata, sono così sfigata che lo sa tutta la scuola, e io non reagisco, non dico niente, non ho risposto niente perché ha ragione quello che scrive quelle cose.

SAREBBE MEGLIO SE TU NON CI FOSSI.

Anna mi appoggia una mano sul braccio e si accorge che sto tremando.

«È solo un modo di dire, Emma» mi dice.

E quando la guardo in faccia mi rendo conto che ho esagerato. Sembra spaventata, ha una luce cupa negli occhi che non le ho mai visto.

Andrea cerca di giustificarsi: «Sì, è solo un modo di dire. Eccola la verità... perché Giovanna ha detto la verità...».

«Tecnicamente» interviene Michael «non è un modo di dire. Un modo di dire è una frase tipo... starci come i cavoli a merenda, oppure...» guarda l'orologio appeso sopra la porta «... fa niente, adesso non abbiamo tempo.»

Lui si alza per primo e tutti lo imitiamo.

Adesso mi sento una perfetta cretina, ho fatto la figura della scema.

«Andiamo?» mi fa Michael, sorridendomi.

Anna è uscita senza aspettarmi.

"Dove andiamo? Dove posso andare?" vorrei chiedere al mio compagno di laboratorio, ma non ne ho la forza.

Raccolgo lo zaino e usciamo accodandoci agli altri.

Ma ci sei? E guarda che non ci credo al mal di testa!

Sarà il ventesimo messaggio che Anna mi manda, ma io continuo a non rispondere. Solo che lei non molla, non è come mio fratello. Gli ho scritto Non mi sento tanto bene, vieni a prendermi davanti a scuola?, e lui si è presentato senza fare domande.

Mi rannicchio sotto la coperta e fisso il soffitto della mia stanza come se potesse comparire lì la risposta da dare ad Anna.

Arriva un'altra notifica, ma questa volta è Michael:

Stai meglio? Come va il mal di testa?

Torno a fissare il soffitto. Adesso le risposte da cercare sono due, ma almeno sono sicura che Michael crede alla storia del mal di testa. Non vedo perché dovrebbe pensare che sia una bugia dopo il pomeriggio che abbiamo passato al laboratorio.

Non ho spiccicato parola. Anna mi ha guardata da lontano tutto il tempo e all'uscita se n'è andata senza salutare. Certo, Michael mi ha creduto per forza, ero pallida come un morto. E infatti, alla fine non mi ha nemmeno chiesto di uscire, al contrario di quello che aveva previsto Andrea.

Sblocco il telefono e apro la fotocamera. Sono ancora pallida come un morto.

Mi sono messa a letto, rispondo a Michael.

Vorrei aggiungere Non so se domani vengo a scuola, ma so fin troppo bene che se non mi viene almeno la febbre i miei non mi fanno stare a casa. E fingere di avere la febbre con una madre infermiera è come fingere di non soffrire di vertigini sulle montagne russe.

«Che razza di paragone» mi dico da sola.

E un po' sorrido perché mi vengono in mente due selfie che abbiamo fatto con Jess e Anna a inizio ottobre al luna park vicino alla piscina. Nel primo, stiamo per salire sulle montagne russe. Nel secondo, siamo appena scese e io sono verde, ma rido lo stesso perché Jess e Anna mi facevano il solletico.

E adesso? penso.

Mi risponde un'altra notifica. È ancora Anna:

Noi dobbiamo parlare. È inutile che continui a non rispondere.

La verità è che non lo so nemmeno io che cosa succederà adesso.

Riguardo i commenti all'ultimo video, ce ne sono di nuovi, ma sono tutte persone carine, sono tutti complimenti. Sono così tanti che quella frase è scivolata in basso, sembra sparita nel nulla.

Okay, forse sto esagerando. In fondo, sono solo tre frasi. Ma chi stabilisce quando è troppo? Chi stabilisce quando il limite è stato superato? Tre frasi sono troppo? Quattro frasi feriscono e tre no?

«Scrive solo balle» mi do coraggio. «Io non sono così. Chi gli dà il diritto di giudicarmi?»

«Chi ti giudica?»

«Ma non si usa più bussare?» sbraito, saltando sul letto per lo spavento.

Mio fratello mi guarda offeso. «Era aperto e scusa se mi sono preoccupato per te» ribatte.

Gira sui tacchi e se ne va sbattendo la porta.

«Ale!» gli grido dietro, ma è chiaro che non mi sente.

Non mi sente nessuno.

Chiudo gli occhi e lascio che la musica riempia la mia stanza.

If you ever find yourself stuck in the middle of the sea, I'll sail the world to find you.

If you ever find yourself lost in the dark and you can't see, I'll be the light to guide you…

Maledetto venerdì

Anna si sforza di consolarmi, ma oggi non le viene particolarmente bene.

Non so come mi sia trascinata fino a oggi, fino a questo strano venerdì. Alla fine, lunedì sera ho risposto ai suoi messaggi, abbiamo ricominciato a parlarci, ma è come se adesso ci fosse una specie di barriera fra di noi e io non ho voglia di superarla. È passato il tempo delle spiegazioni, non ce la farei davvero più a spiegare nulla.

È così che funzionano certe frasi buttate a caso in uno schermo: diventano barriere intorno alle persone e le isolano, le fanno sentire sbagliate, sole. Dovrebbe saperlo chi crede di lanciarle nel vuoto, chi crede che dall'altra parte dello schermo non ci sia nessuno, che sia tutta una finzione senza carne né ossa.

«Una merendina cioccolato e nocciole?» mi domanda Anna, allungandomi la confezione con la carta colorata che è appena scesa dall'imboccatura della macchinetta.

«Non ho molta fame, scusami» le rispondo.

Mi stupirei del contrario. Ho appena preso la mia prima insufficienza dall'inizio della scuola. Quasi tre mesi di resistenza e adesso scoprirò se davvero i miei faranno quello che hanno sempre minacciato di fare.

«È meglio che mi abitui, magari allo scientifico non hanno le stesse merendine» aggiungo, mentre ci avviamo una accanto all'altra lungo il corridoio. Dovremmo andare da Andrea e Michael, ma io non ne ho voglia. Non ho voglia di vederli, non ho voglia di dirgli del 5 che ho appena preso, non ho voglia di stare in mezzo alle persone.

Sarebbe meglio se io non ci fossi.

«Un 5 lo recuperi come niente» mi ripete Anna per la seconda, forse la terza volta. «Ti aiuto io. E poi, è Scienze, sono due ore alla settimana. Non è che i tuoi possano scassare più di tanto.»

«Non l'avevo considerata da questo punto di vista» ammetto. «Se poi mi aiuti tu, ce la faccio di sicuro.»

Sforzati, penso.

Allungo il braccio e lo intreccio a quello di Anna. All'inizio sento una piccola resistenza, ma è questione di un attimo. La mia amica mi prende sotto braccio con la sua dolcezza ferma, la stessa con la quale mi ha stretto la mano il primo giorno di scuola, e ritrova le parole.

«Se vuoi oggi vengo a casa con te, così non sei da sola quando lo dici ai tuoi» mi propone.

«E il fatto che la cosa implichi la possibilità di incontrare mio fratello non c'entra niente con la tua disponibilità, vero?» ribatto.

Anna alza gli occhi al cielo: «E va bene! Mi hai scoperta!».

Si blocca in mezzo al corridoio e mi guarda seria: «Perché non hai studiato ieri sera? Lo sapevi che ti avrebbe chiamato, mancavi solo tu praticamente. E ti avverto, voglio la verità».

Eccola lì di nuovo la barriera.

La verità. Chi stabilisce qual è la verità? Esiste la verità? La verità è che sei solo una sfigata. E pensa quando dirai ai tuoi genitori di questo 5. La verità è che diventerai la sfigata delle sfigate.

«Ma guarda che io avevo studiato» e lo dico così poco convinta che mi viene quasi paura che mi si allungherà il naso come a Pinocchio. «È solo che sono andata nel panico.»

E in un certo senso è vero. Ormai vivo nel panico.

«Capita a tutti!» ribatte Anna, puntando verso le scale che scendono al piano dei ragazzi. «Adesso ci pensano i ragazzi a metterti di buonumore!»

Mi blocco e le lascio andare il braccio. «Magari quando mi è passata un po'.»

Sempre che succeda, prima o poi.

Anna fa spallucce. «Sicura? Davvero non vuoi scendere da Michael?»

Annuisco.

«Okay, allora ci vediamo dopo» conclude, e si lancia giù per le scale.

Io resto lì in silenzio a vederla sparire in fondo alla rampa.

Credevo di essere sola, ma non avevo ancora capito niente.

Avrei preferito sentirli gridare, vederli mettere su quelle facce di disapprovazione, o meglio ancora quelle da "Lo sapevamo che sarebbe finita così". Invece, i miei genitori se ne stanno seduti di fronte a me e mi fissano in silenzio con un'espressione indecifrabile.

Per quello che ne so io, tra un attimo mio padre potrebbe alzarsi e dirmi: "Ma sì, che cosa sarà mai un 5?".

Ale spalanca la porta di casa nel momento esatto in cui mia madre ha preso un lunghissimo respiro e sta per aprire bocca.

«Sono a casa!» grida mio fratello, entrando in soggiorno. «Scusate, ho fatto un po' tardi perché...»

Si blocca e ci guarda a uno a uno. «Che succede qui?» domanda. «Avete delle facce...»

Cerco di fare un riassunto efficace: «Ho preso 5 in Scienze».

Lui aggrotta la fronte, sgrana gli occhi e sparisce in camera sua (la regola è che ciascuno si sente le proprie sgridate e non interferisce con quelle dell'altro. E sì, ovviamente è una questione di responsabilizzazione).

Restiamo tutti con gli occhi fissi sul corridoio finché non sentiamo partire la musica a un volume altissimo all'inizio e poi subito più basso. A quel punto, l'attenzione di mamma e papà è di nuovo tutta per me.

«Spiegaci: perché questa insufficienza?» esordisce mia madre.

Come fa a parlare al plurale? Come fa a essere sicura che anche papà voglia sapere il perché? Forse è vera quella storia di un corpo e un'anima?

«Non ho capito. In che senso perché?» mi sento rispondere.

Mi mordo la lingua. Se c'è una cosa che papà non sopporta è sentirsi rispondere con una domanda.

«Sai che non sopporto sentirmi rispondere con una domanda» replica mio padre. «Non mi sembra che tua madre ti abbia chiesto qualcosa di impossibile da capire, no? Vorremmo sapere perché hai preso questo 5 in Scienze.»

«Ti ha chiesto cose troppo difficili?» interviene la mamma.

Okay, hanno deciso di adottare la tecnica delle deduzioni logiche: una serie di domande costruite di volta in volta sulla risposta che tu stesso hai dato in modo da arrivare a dimostrare che, se le cose sono andate male, a) il destino ti è stato avverso (mai successo da quando ho sperimentato il metodo), b) è solo e soltanto colpa tua.

Alla domanda "Ti ha chiesto cose troppo difficili?", la risposta è chiaramente no (mio padre è convinto che i professori non possono mai chiedere cose che vadano al di là di quanto hanno spiegato).

Quindi, la domanda successiva sarà "Avevi studiato abbastanza?". E lì dovrò ammettere che no, non avevo studiato abbastanza.

Ma io sono troppo stanca e non voglio tirarla per le

lunghe. Voglio solo andare in camera mia e sparire, come se io non ci fossi, come se non fossi mai esistita.

«No, mi ha chiesto cose normali» e guardo mio padre anche se sto rispondendo a mia madre. «Sono io che non ho studiato abbastanza.»

Silenzio.

Anche dalla camera di Ale. Mi viene da ridere perché me lo immagino appollaiato nell'ombra del corridoio che cerca di non perdersi una sillaba di quello che diciamo.

Ma pare che io sia l'unica a essersene accorta perché i miei non hanno detto una parola e mi fissano con aria... preoccupata?

Mia madre allunga una mano sul tavolo e mi tocca un braccio. Io sono troppo sorpresa per reagire.

«Emma» comincia, seria «ci sembra che tu sia strana ultimamente. Sei sicura che vada tutto bene?»

Annuisco in automatico. Sempre dire di sì, va tutto bene.

«Hai fatto tanto per andare in questa scuola» interviene mio padre «e adesso è strano che tu non abbia studiato. No?»

Faccio di no con la testa: «È tutto a posto, sono solo un po' stanca».

Loro restano a guardami in silenzio, mia madre ritrae la mano e se la riporta in grembo.

«Posso andare nella mia stanza?» domando, come aspettando una liberazione.

La mamma annuisce: «Ti chiamo quando è pronta la cena».

E mio padre aggiunge: «Ma la questione non è chiusa. E ovviamente sei in punizione per tutta la prossima settimana».

Ovviamente.

Help, I have done it again. I have been here many times before.

Hurt myself again today. And the worst part is there's no one else to blame…

Quando apro gli occhi, mi ritrovo davanti la faccia di mio fratello e grido con tutto il fiato che ho.

Lui agita le mani e mi fa segno di calmarmi. O forse di abbassare il volume?

Mi tolgo gli auricolari e Selena Gomez si zittisce.

«Volevi farmi venire un infarto?» dico, arrabbiata. Ho ancora il cuore in gola.

«Veramente è un quarto d'ora che ti chiamo, ma tu eri nel tuo mondo con le tue lagne musicali» e accenna verso gli auricolari che ho ancora in mano.

Faccio spallucce e alzo gli occhi al cielo. Non è proprio il momento di affrontare una discussione sui gusti musicali. Non ce la faccio.

«Che cosa vuoi?» taglio corto.

"Lasciatemi sola!" vorrei gridare. Perché stasera nessuno lo capisce?

Mio fratello si infila le mani nelle tasche dei jeans e si

mette a spettinare le lunghe frange del tappeto davanti al mio letto con la punta della scarpa da tennis.

«Hai perso qualcosa?» gli domando, seccata.

«No, è che volevo solo dirti che, insomma, io sono sempre il tuo fratellone grande e, sì, se hai bisogno io per te ci sono sempre.» Alza lo sguardo e mi fissa dritto negli occhi. «Lo sai, vero?»

Mi mordo l'interno del labbro, annuisco e mi rimetto gli auricolari.

Non sento nemmeno la porta che si chiude.

Finalmente sono sola.

Io resto qui

Stamattina a colazione papà mi ha detto: "Non muoverti da scuola oggi pomeriggio, vengo a prenderti io".

Io ho tirato un sospiro di sollievo e ho pensato: *Per fortuna sono in punizione.*

E dopo un istante mi sono sentita una perfetta idiota. Come si fa a essere felice di una punizione? Sono davvero arrivata a toccare il fondo?

Invece no, il fondo credo di averlo toccato adesso, adesso che sono entrata dal portone della mia scuola e sto salendo le scale che portano al primo piano con la netta sensazione che ci sia qualcosa che non va.

È come se gli sguardi di tutti mi pesassero sulla schiena, ma appena mi volto non sento altro che risatine e sussurri. Qualcuno all'improvviso tace, qualcuno guarda da un'altra parte piuttosto che guardarmi in faccia.

Di cosa parlano? Perché bisbigliano e ridacchiano?

Ricomincio a salire le scale e cerco di non pensarci. Basta con queste paranoie, devo darmi una calmata.

«Calmati, Emma» mi dico fra me e me in un bisbiglio che quasi non sento nemmeno io.

Quando arrivo all'inizio del corridoio, trovo il solito via vai di gente e i soliti gruppetti fermi davanti alle porte delle aule aperte. Ci conosciamo tutti, sono tre mesi che ci vediamo ogni giorno in questo corridoio e in giro per la scuola, ma in pratica non ci salutiamo mai. È una cosa che ho sempre trovato strana.

Ma oggi mi sembra ancora più strano il fatto che uno di prima A, la classe accanto alla nostra, mi faccia un sorrisino divertito e mi saluti: «Ciao, Emma!».

Le due ragazze che sono con lui – credo si chiamino Gemma e Chiara – si voltano verso il muro per non farmi vedere che stanno ridendo.

Entro in aula con la sensazione di essere accerchiata, come se il mondo stamattina fosse lì tutto a guardare quello che faccio, ogni mio singolo movimento. È come avere addosso un cappotto nel mese di agosto.

E la sensazione peggiora non appena vedo lo sguardo delle quattro del primo banco, ma anche quello degli altri: la maggior parte finge di non avermi vista, mentre Stefania sgrana gli occhi e si mette a sfogliare il diario come se non sapesse che cosa abbiamo alla prima ora, Davide e Nicholas mi salutano appena con un cenno, Mattia nemmeno mi guarda ma si capisce che si sta sforzando di non alzare la testa.

E poi c'è Anna.

Mi viene incontro con le guance rosse, in tinta con il rosso fuoco con cui si è colorata i capelli nel fine settimana.

«Stai bene» le dico, sforzandomi di sorridere per ricacciare indietro l'ansia che mi sta lentamente stringendo le dita alla gola.

«Tu no, invece» ribatte la mia compagna di banco, prima di afferrarmi per un braccio e strattonarmi verso la porta.

La Gandolfi arriva così di corsa che quasi ci scontriamo.

«Attenzione, ragazze!» esclama, fra il sorpreso e lo spaventato. «Si può sapere dove state andando? In classe! Tra un secondo suona la campanella.»

Il trillo di inizio lezioni le dà subito ragione. Anna mi lascia andare il braccio e se ne torna verso il banco camminando rigida come un robot. Io mi trascino fino alla sedia con lo zaino che mi sembra improvvisamente pieno di mattoni.

«Si può sapere che cosa ti prende?» le sussurro, mentre la Gandolfi apre il registro e annuncia che oggi interrogherà.

«Ne parliamo dopo» mi risponde Anna e fissa dritto davanti a sé, ma si capisce che non sta guardando niente, che è da qualche altra parte con la testa.

È offesa? È arrabbiata? Tutte e due? E io che cosa c'entro?

Tu c'entri sempre, penso. *Sarebbe meglio se tu non ci fossi.*

E all'improvviso suona la campanella dell'intervallo – ho passato tre ore a pensare a cosa? – e non c'è più tempo per niente, perché Anna mi prende di nuovo per un braccio e mi trascina fuori dalla classe, mentre i nostri compagni fanno esattamente quello che facevano quando sono entrata tre ore fa: evitano il mio sguardo, le solite quattro ridacchiano, qualcuno scuote la testa.

Facciamo il corridoio praticamente di corsa, Anna mi trascina giù dalle scale fino al piano di sotto, ma è chiaro che non stiamo andando da Andrea e Michael. Infatti, passiamo davanti alla loro classe così in fretta che vedo a malapena aprirsi la porta e uscire un loro compagno di cui non riesco nemmeno a distinguere la faccia.

La nostra corsa si ferma solo quando arriviamo nell'angolino più nascosto del cortile della scuola, il più riparato dal vento ma anche dal sole. E d'un tratto mi sembra che manchi la luce, che sia troppo buio anche per essere una mattina di fine novembre.

Però almeno respiro, riesco a tirare il fiato perché non c'è ancora nessuno lì che possa fissarmi di nuovo con quello sguardo pesante che pare oggi abbiano tutti.

Ma è un attimo, solo un istante, il tempo che Anna illumini lo schermo del cellulare e me lo metta sotto il naso. Instagram è aperto sui commenti del mio ultimo video.

SAREBBE MEGLIO SE TU NON CI FOSSI.

Dicono che quando ti fischiano le orecchie qualcuno ti sta pensando. Ecco, qualcuno deve pensarmi davvero molto intensamente perché credo che la testa stia per esplodermi per quanto forte è il fischio che mi fa vibrare i timpani.

Ci metto un po' a capire che quella che sento in sottofondo è la voce di Anna che mi ripete, non so da quanto: «Vuoi darmi una spiegazione, sì o no?».

Una spiegazione? Non capisco, non ho scritto io quella roba, io non sono nemmeno capace di pensarle certe cose. Ma poi realizzo che cosa vuol dire la mia compagna di banco, anche perché me lo urla in faccia con una forza che non credevo avesse: «Perché non mi hai detto niente?».

Scuoto la testa. Adesso che cosa le dico?

«È una sciocchezza» tento. «Qualche cretino che non sa come divertirsi.»

Anna è così tesa che mi sembra di vederla tremare. Anzi, trema davvero mentre fa qualche tocco rapido sullo schermo del telefono e me lo rimette sotto il naso.

A SCUOLA TUTTI PARLANO MALE DI TE, SEI PROPRIO RIDICOLA.

«Non mi sembra proprio una sciocchezza!» Adesso Anna sta gridando.

E il cortile comincia a riempirsi.

«Calmati, per favore» la supplico, parlando a voce bassissima con la speranza che anche lei decida di fare la stessa cosa. «Non voglio che qualcuno ci senta.»

«Ti comunico che ormai è tardi.» Sì, ha abbassato la voce anche lei, ma adesso ha un tono così duro e cattivo che sarebbe stato meglio sentirla urlare. «Se non lo avessi ancora capito dalla faccia con cui ti guardano tutti, i commenti di questo tizio hanno già fatto il giro della scuola.»

Volta ancora verso di me lo schermo e fa scorrere con un dito una lista lunghissima di commenti. Le parole mi si confondono davanti agli occhi: sfigata, incapace, chi ti credi di essere?, ritirati, sparisci…

«Tutta la scuola ride di te» conclude Anna, guardandomi come un giudice che ha appena emesso la mia condanna all'esilio definitivo dal van Gogh.

Le gambe mi cedono. Mi sbilancio all'indietro e resto in piedi solo perché riesco ad appoggiarmi al muro. Il cuore mi martella in gola, mi mangia il respiro.

«Non è vero» riesco faticosamente a dire, ma non capisco nemmeno io se la mia sia un'affermazione o una domanda.

Anna scuote la testa e armeggia di nuovo con il telefono. «Ma ti rendi conto? Questa cosa va avanti da quasi un mese» riprende, e indica lo schermo dove immagino che stia leggendo la data del primo commento che ho ricevuto. «E tu non mi hai detto niente! Ho dovuto scoprirlo per caso, mentre lasciavo un commento sotto le tue foto.»

Un gruppetto di ragazze e ragazzi di quarta – ormai ci conosciamo tutti ed è un dolore rendermene conto così all'improvviso e proprio adesso – si volta a guardarci e glielo leggo in faccia: sanno esattamente di che cosa stiamo parlando, e non solo perché Anna ha alzato di nuovo la voce.

Sono stremata, non ne posso più, perché continuare a fingere che non sia successo niente di grave? Perché non raccontarle tutto il dolore che ho dentro? Anna è una mia amica, è l'unica che mi resta.

«Li ha scritti anche su YouTube» ammetto, con un filo di fiato che mi costa come se avessi appena finito di correre i cento metri in meno di dieci secondi. «Identici a quelli» e accenno verso il telefono della mia compagna, ancora aperto sul mio profilo Instagram.

«Perché non me l'hai detto subito?»

«Mi sono vergognata» le rispondo. «Forse ha ragione lui, forse sono tutta sbagliata. Sarebbe davvero meglio se non ci fossi.»

Le lacrime escono insieme alle mie parole e d'un tratto mi sento svuotata, alleggerita. Le sento scendere sul mio viso, ma non riesco a preoccuparmi di quello che penseranno gli altri, sento solo allentarsi piano piano la morsa che mi stringeva lo stomaco e la gola.

«Grazie» dico ad Anna, che mi porge un fazzoletto di carta.

Lei rimane in silenzio.

Mi asciugo gli occhi e alzo lo sguardo. «Mi ha fatto bene parlarne con te» aggiungo.

«Tu non mi hai mai considerato veramente un'amica» mi gela lei, così fredda e distaccata che mi sembra quasi che abbia cambiato voce.

Non faccio in tempo a ribattere, perché continua quasi senza riprendere fiato: «Io andavo bene solo per le scemenze, vero? Non per parlare di cose serie». È un fiume in piena. «Anna degli unicorni, Anna la scema, Anna che si colora i capelli. Ma poi, quando succede qualcosa di serio, di grave, allora con Anna non si può parlare perché tanto lei sta nel suo mondo colorato, vero?»

«No, non è così» cerco di giustificarmi, di spiegarle. «Te l'ho detto, non c'entri tu. Sono io, sono io che sono sbagliata, mi sono vergognata, ho avuto paura...»

Le parole mi escono tutte insieme, non riesco a capire quale ordine dargli. Che cosa devo dire per non perdere l'unica amica che mi resta? Quale formula magica può fermare la mia vita che sta andando definitivamente a rotoli?

La campanella dell'intervallo ci riscuote tutte e due. Anna sobbalza e sgrana gli occhi, non se l'aspettava nemmeno lei. Guarda l'ora sul cellulare e scuote la testa.

Poi mi guarda di nuovo e in un soffio dice: «Mi fai pena».

Si volta e se ne va.

Io vorrei piangere ancora, ma non so più come si fa.

Ho passato le ultime due ore di lezione come in altalena.

Da un lato, volevo che passassero in fretta.

Non ce la facevo più a stare seduta accanto ad Anna. Ogni volta che tentavo di rivolgerle la parola, lei si irrigidiva, la vedevo tendersi sulla sedia come se facendo così potesse allontanarsi da me ancora di più di quanto non lo sia già.

Dall'altro, volevo che non passassero mai.

L'idea di dover affrontare il laboratorio di oggi pomeriggio mi manda completamente nel panico. Vorrei solo tornare a casa, ma non posso. Dovrei dare troppe spiegazioni ai miei e, viste le facce che avevano l'altra sera, ho la sensazione che questa volta non crederebbero alla stanchezza.

Sono la ragazza più sfigata del mondo, non credo che ci sia qualcuno più sfigato di me.

Sarebbe meglio se io non esistessi.

La campanella suona. Anna raccoglie in fretta lo zaino ed esce dalla classe senza salutare nessuno. Gli altri se ne vanno come sempre a gruppetti, chiacchierando fra loro come se niente fosse.

Resto da sola seduta al mio banco a vederli sfilare fuori dalla porta.

«Tutto bene, Damiani?» mi chiede Sisti, che è tornato a prendere gli occhiali che aveva dimenticato alla terza ora. «Li ho cercati dappertutto» mi dice, agitandoli in aria, e se ne va senza aspettare una risposta alla sua domanda.

«Sì, tutto bene» dico a me stessa. «Mai stata peggio in vita mia.»

La mia voce che risuona nell'aula vuota mi mette i brividi.

La bidella si affaccia dalla porta e mi guarda con aria severa. «Fuori dall'aula» mi dice. «Lo sapete che non potete pranzare qui anche se avete i laboratori al pomeriggio.»

«Certo, certo» le rispondo, raccogliendo lo zaino e ciò che resta delle mie forze.

Il mio giaccone è rimasto da solo sull'attaccapanni in corridoio. Me lo infilo e mi avvio verso le scale.

Sulle scale non incontro nessuno, la scuola è deserta come se non fosse lunedì, come se non ci fossero state le lezioni. Ma quanto tempo sono rimasta da sola in classe?

Supero il portone aperto e li trovo tutti lì fuori.

E lo so che non è vero, che è solo una mia sensazione, ma sembra che tutta la scuola mi fissi, tutti quelli che sono rimasti lì davanti a chiacchierare adesso si voltano e mi fissano.

Lo sanno tutti, penso con il cuore in gola.

Ma quello che mi toglie davvero il fiato è l'idea di uno, di uno solo, di quello che sa il perché, sempre che ci sia un perché, di quello che ha buttato quelle frasi nello schermo come si butta un sasso nell'acqua e ora sta qui a guardare l'effetto che mi fa, sta qui a guardare le onde ingigantirsi sulla superficie della mia vita e travolgerla.

Abbasso lo sguardo, all'improvviso ho paura di quello che posso leggere negli occhi degli altri.

L'ultima cosa che vedo è Anna che guida il gruppo dei miei soliti compagni di laboratorio. Hanno già attraversato la strada e stanno entrando da Checco per il pranzo.

Senza di me.

Appena metto piede in aula magna, tre, due, uno... il mio stomaco decide di cominciare un concerto di lamenti così forti che si sentono anche sopra Jack Johnson che canta *Can't you see that it's just rainin'*

Ain't no need to go outside urlando dalla cassa che Andrea, anche oggi, ha collegato al suo telefono.

Se non fosse la giornata peggiore della mia vita, lo troverei quasi divertente, una delle più divertenti figure di C mai fatte da quel disastro di Emma.

«Damiani, non hai saltato il pranzo, vero?» mi domanda la prof Riva, fissandomi con un sopracciglio alzato. Credo sia la migliore aria materna che riesce a fare.

«Assolutamente no» le rispondo, forzando un tono allegro.

Che mi creda o no, si rimette a controllare il lavoro del gruppo della scenografia insieme a Carpi e si dimentica subito di me e del mio stomaco.

La prima che cerco con lo sguardo è Anna. Lei e Andrea sono silenziosi come non li ho mai visti da quando abbiamo cominciato il laboratorio. Lavorano ai giocattoli di polistirolo con un'attenzione che non credevo si potesse avere nemmeno per progettare un missile nucleare. È chiaro che non vogliono essere interrotti da nessuno, soprattutto da me.

Anche gli altri sono tutti impegnatissimi. Sono così impegnati e concentrati che c'è qualcosa di finto nei loro movimenti.

Okay, è inutile girarci intorno: sono qui e devo affrontare la situazione per quello che è. Prendo un respiro profondo, raddrizzo le spalle e vado verso Michael.

Passando decido di fare uno "sforzo di normalità" e mi fermo a salutare Lara e la ragazza senza nome.

«Ciao, ragazze! Come va con le decorazioni per l'albero?» domando, avvicinandomi per sbirciare nello scatolone in cui le stanno ammonticchiando.

Lara mi fa uno dei suoi sorrisi dolci e la cosa un po' mi fa sentire meglio. La ragazza senza nome, invece, mi guarda con aria di superiorità e risponde: «Come vedi, ce la caviamo benissimo anche senza i tuoi consigli».

Poi, rivolta a Lara, come se io non potessi sentire, come se non fossi lì davanti a loro, aggiunge: «Che poi non erano questo granché di consigli».

Per un istante mi sembra che i miei piedi si siano incollati al pavimento, ma con uno sforzo che mi costa una quantità spropositata di energie li sollevo uno dopo l'altro e riprendo la mia strada verso Michael.

Non provo nemmeno a salutare Anna e Andrea, ma faccio un sorriso a Luigi e Marta, che mi fissano come se fossi un marziano. Che è poi la stessa cosa che fanno Carlo ed Elena, quasi sollevati dal fatto di essere sommersi dalla marea di palline da ping pong, che pare aver preso definitivamente il sopravvento su di loro.

Quando arrivo da Michael, mi sento sfinita come se avessi attraversato il deserto.

Stai calma, penso. *Lui non è come gli altri*.

Ma mentre lo penso mi trema un po' il cuore, perché oggi è proprio una giornata strana e non lo so se sono pronta a scoprire che forse anche lui è come gli altri, anche lui ha capito che sono una sfigata e ora non vorrà più avere a che fare con me.

«Ciao!» gli dico allegra, un po' troppo allegra.

Lui alza una mano e, senza guardarmi in faccia, risponde: «Ehi...».

È già un inizio.

Mi avvicino, mi tolgo zaino e giaccone e mi fermo proprio accanto a lui a guardare come procede il lavoro.

«La carta per i pacchetti mi sembra abbastanza» commento, guardando il gran numero di fogli di carta da pacco che abbiamo decorato insieme. Ce ne sono davvero un sacco e tutti con disegni diversi. Ci sono gli abeti grandi e piccoli con il bordo più scuro che abbiamo fatto una delle prime volte. C'è la carta con le strisce bianche e rosse come quelle dei finti bastoncini di zucchero che verranno appesi all'albero. Ce n'è una con stelle dorate grandi e piccole, e una coperta di piccole slitte di Babbo Natale cariche di regali.

Michael ha cominciato a riparare le scatole di scarpe e gli scatoloni vecchi che abbiamo portato da casa. Alcuni sono un po' malridotti, ma niente che una buona dose di pazienza, colla e scotch non possano riparare.

A vederlo impegnato nel lavoro di restauro mi travolge di nuovo l'entusiasmo, mi sembra di poter dimenticare tutto, basta che io mi metta lì e cominci ad aiutarlo. Saremo noi due al lavoro insieme come tutti i lunedì, e sarà bellissimo.

«Ti aiuto!» gli dico, sedendomi per terra accanto a lui.

«Qui ci penso io» mi risponde lui, secco. «Tu puoi cominciare a fare i pacchetti.» E indica alcune scatole distanti da lui.

Non posso, non posso lasciar andare le cose in questo modo.

«Michael, io non sono… io non volevo…» tento di dire, ma sono così agitata che non riesco a trovare le parole che vorrei. E che cosa vorrei dire? Che non sono quello che c'è scritto nei commenti, che io sono quella lì davanti a lui, con i miei difetti e le mi sfighe e le mie figure di C, ma sono sempre quella della settimana scorsa e di quella prima e di quella prima ancora. Invece, mi esce solo: «Non so che cosa ti abbia detto Anna, ma…».

«Anna non mi ha detto niente» mi gela lui. «Ho solo fretta di finire questo lavoro e tornare a casa. Sono molto stanco.»

Annuisco, sperando di riuscire a ricacciare indietro le lacrime che mi stanno riempiendo gli occhi.

Prendo un foglio di carta decorata, forbici, scotch, colla, nastri colorati, mi alzo e faccio quello che mi ha chiesto Michael: mi allontano da lui.

I 5 seconds of summer cantano *'Cause I'm not fine at all.*

Appena salgo in macchina mio padre mi domanda: «La tua amica Anna oggi non ha bisogno di un passaggio?».

È la conferma che aspettavo: il mondo si è messo a girare al contrario e nessuno mi ha avvisata.

Mio padre, l'uomo che ha impiegato due anni a imparare il nome di Jessica, non solo si è ricordato quello della mia compagna di banco, ma si sta anche preoccupando della ragione per cui non la portiamo a casa.

«Aveva da fare» rispondo, sbattendo la portiera e pregando dentro di me che la conversazione sia finita lì.

«Allora, com'è andata oggi?»

Come non detto. Sarà che ha appena staccato dal turno e avrà passato la giornata a parlare con mille persone, a chiedere spiegazioni e fare domande, ma sembra che stasera non abbia ancora intenzione di spegnersi.

«È andata come tutti i giorni» ribatto, sbrigativa.

Per un momento, quando mio padre imbocca la strada che ci porterà a casa, la forza dell'abitudine mi fa saltare sul sedile: «Dobbiamo andare…».

In palestra, penso.

E sento le lacrime riempirmi di nuovo gli occhi. Quanto vorrei entrare in palestra e correre da Jess, chiederle scusa per tutto, per essere come sono, ma implorarla di ascoltarmi, almeno lei, di ascoltarmi senza giudicare, senza credere di capire tutto, di avere le chiavi della verità della vita degli altri.

«Dobbiamo andare…?» ripete papà, fra il curioso e l'interrogativo. «Sei in punizione, te lo sei dimenticato? Non so dove volessi andare, ma non voglio nemmeno saperlo.»

Scuoto la testa. «Mi sono confusa» mi giustifico.

«In effetti, ultimamente a me e alla mamma sei sembrata un po'… per aria.»

Mio padre stasera non vuole proprio mollarmi.

«Va tutto bene, sì?» mi domanda, quando vede che resto in silenzio.

«Tutto bene, sono solo...»

«Stanca» conclude lui. «Certo, ce l'hai detto.»

«La cena è pronta!» grida mamma, affacciandosi in corridoio.

La sento solo perché mi sono girata su un fianco e uno degli auricolari mi è scivolato fuori dall'orecchio.

Ho passato le ultime due ore e mezza stesa a letto, con la luce spenta, le coperte tirate fin sul naso e l'angoscia seduta ai miei piedi. Per non sentirla pronunciare di continuo il mio nome, mi sono rifugiata nella musica, l'unica cosa che in questo momento riesce a riflettere davvero fino in fondo i miei sentimenti.

Non so perché, ma funziona così: più sono incasinata dentro e più musica ascolto. Fuggo dal mondo e mi rifugio nelle note, nelle parole. È come se la musica riuscisse a spiegare quello che sento, a sciogliere i nodi di dolore, a rendere quasi sopportabile tutto il male che ho dentro.

Interrompo Ruth B. mentre canta *"Run, run, lost boy" they say to me, away from all of reality*.

Mi alzo dal letto e apro la porta. La mamma ha preparato il pasticcio di pasta, il profumo ha riempito il corridoio e il mio stomaco comincia a lamentarsi peggio di quando sono arrivata al laboratorio.

Il mio cuore dice che no, non ce la fa a pensare al cibo, ma la mia testa dice che sì, devo pensare al cibo se non voglio finire lunga distesa.

«Fai uno sforzo» mi incoraggio da sola a bassa voce, mentre mi avvio lungo il corridoio.

Quando arrivo in sala da pranzo, sono già tutti riuniti attorno alla tavola apparecchiata.

«Ma non toccava a me stasera?» chiedo, guardando Ale che è già pronto a servire la cena.

«Sei lenta, sorellina! E io ho fame!» ribatte, scodellando nel piatto di papà una porzione enorme di pasticcio. «Oggi ho avuto un allenamento fuori programma e ho le batterie completamente scariche.»

«A me un po' di meno di quella che hai dato a papà, per favore» gli dico, allungandogli il piatto.

Se mio fratello non fosse veloce a prenderlo al volo, sarebbe già finito per terra.

«Fai attenzione, Emma!» mi riprende mio padre.

Ma io non ci faccio quasi caso perché il cuore mi sbatte nel petto così forte che sembra che stia per uscire.

«Da dove arriva?» domando, indicando una busta che spunta da sotto il mio tovagliolo.

Riconosco la scrittura di Jess, la riconoscerei ovunque. Ha scritto il mio nome con quella E tutta tonda che fa lei, che fa solo lei.

Forse il mondo sta ricominciando a girare per il verso giusto. Forse Jess vuole fare pace.

Afferro la busta, mentre mia madre mi spiega: «L'ho messa lì per non dimenticarmi di dartela. L'ho trovata nella cassetta delle lettere».

È pesante per essere una lettera, ma Jessica è così, chissà che altro ci avrà infilato.

Prendo il coltello, apro la busta e ci sbircio dentro.

«È vuota» dico, sorpresa.

Non c'è nessuna lettera, nessun biglietto, niente di niente.

Anzi, no.

C'è il braccialetto di Jess. Si è aggrovigliato ed è scivolato in un angolino, quasi non lo vedevo.

Ora il ciondolo con la scritta *Forever* scintilla nella mia mano.

La cosa più difficile è stata trovare una scusa credibile, o forse è stata non mettersi a piangere, o forse mangiare tutto quello che avevo nel piatto, o forse respirare ancora.

Non lo so quale sia stata la cosa più difficile, è questa la verità.

Non so più niente.

Il braccialetto di Jess è finito in fondo al cassetto del comodino insieme al mio e alla castagna matta come me, ma lo sento che mi brucia ancora in mano e mi pesa come un macigno sul cuore.

Vorrei piangere, ma non ci riesco più. Vorrei gridare, ma non ho più voce.

Resto sdraiata nel letto a occhi chiusi con la musica a tutto volume nelle orecchie.

Voglio stare qui e basta. Voglio che la mia vita sia solo

questo: il mio letto, la mia musica e stringere i denti per arrivare in fondo all'anno scolastico.

Poi chissà, potrei anche andare allo scientifico. Almeno lì non mi conosce nessuno. Oppure non uscire mai più di casa. Tanto chi se ne accorgerebbe?

Sì, meglio così, io resto qui.

But I'm only human. And I bleed when I fall down.
I'm only human. And I crash and I break down…

A che cosa servono gli incubi

Non so come ho fatto ad arrivare fin qui, in fondo alla settimana e di nuovo in cima alle scale del primo piano, diretta come sempre verso la mia classe.

È sabato mattina e da lunedì a oggi non si può certo dire che la situazione sia migliorata. Anna continua a non parlarmi, all'intervallo scende da sola da Andrea e Michael.

Michael, invece, pare essersi dimenticato della mia esistenza. Anche quando mi incrocia in corridoio, mi saluta appena, di solito alzando solo il mento e voltandosi subito dall'altra parte.

Tutti i ragazzi del laboratorio fanno lo stesso.

E il resto della scuola? Be', quel disastro di Emma è diventato popolarissimo, la persona più popolare del van Gogh. Non c'è nessuno, dico nessuno che non conosca qualche mio segreto, non abbia saputo qualcosa di interessante sul mio conto, condiviso qualche pettegolezzo sulla mia vita dentro e fuori dalla scuola.

"Non sai che cosa ho sentito!", di solito è così che cominciano le frasi rivelatrici dei segreti sulla mia scombinata vita da sfigata. E come continuano? In infiniti modi diversi: è stata bocciata alle medie e mente sull'età, sua madre fa l'infermiera per aiutarla con le crisi di nervi, i prof le danno buoni voti perché i suoi hanno supplicato di aiutarla per non peggiorare le crisi, le fanno un programma facilitato perché non ci sta con la testa, e avanti così. Diciamo che ognuno "sviluppa a piacere il tema", come direbbe il prof di italiano.

Anche adesso, supero due gruppetti di quelli di prima A fermi davanti alla loro classe e, come sempre dall'inizio della settimana, mi guardano e ridacchiano.

«Non sai che cosa ho sentito da una ragazza di quarta D che fa il laboratorio al lunedì pomeriggio!» sta dicendo uno di loro. È girato di spalle e non mi ha vista arrivare.

Il compagno che gli sta di fronte sgrana gli occhi, fa un cenno con la testa e il resto della conversazione si riduce a un sussurro troppo sottile per questo corridoio affollato e io non riesco a sentire quale nuova straordinaria rivelazione circolerà oggi su di me.

I primi giorni tutto questo bisbigliare mi faceva venire voglia di scappare, di correre via velocissima ma ora è come se si fosse accumulato, stratificato e quelle parole fossero diventate un cumulo di pietre che mi porto sulla schiena. Barcollo sotto il loro peso e sono indecisa fra accasciarmi definitivamente a terra e non muovermi più, oppure prenderle una a una e restituirle al mittente. Ma a che cosa servirebbe? E poi, non ne avrei nemmeno la forza.

Essere al centro dell'attenzione, quando l'attenzione è fatta di bugie e cattiveria, è logorante. Ti succhia tutte le energie e ti lascia incapace di difenderti. È come stare seduti comodamente in poltrona a guardare un'onda spaventosa che ti precipita addosso. E la cosa peggiore è che tu sei legato alla poltrona.

Sì, perché all'inizio di tutto quel primo commento era solo una sciocchezza, ho fatto spallucce, ho pensato che sarebbe passato.

Ma poi, sono arrivati il secondo e il terzo.

Poi, Anna ha scoperto tutto, e anche Michael ha scoperto tutto e nessuno dei due ha più voluto sapere niente di me.

E poi, sono arrivati altri commenti, una marea incontenibile di commenti che ormai ho smesso di leggere.

E adesso il problema è che i commenti sono usciti dallo schermo, corrono liberi per i corridoi, per le aule e mi raggiungono, sono un'onda spaventosa, appunto.

E io sto seduta lì ad aspettare che mi cada addosso e mi travolga perché alla fine me ne sono convinta anch'io: sono la più sfigata, sono la più incapace, se lo dicono deve essere vero. Forse tutto quello che dicono deve essere vero. Altrimenti perché lo direbbero?

Quando finalmente entro in classe, la confusione è così assurda che non riesco nemmeno a sentire i miei pensieri. È un sollievo vedere che i miei compagni non smettono di gridare, di ridere, di parlare solo perché sono entrata io.

Almeno non mi stanno ridendo dietro, penso.

Anna è già seduta al suo posto. La raggiungo, scosto la sedia e mi ci lascio cadere sopra senza togliermi lo zaino.

«Sono esausta» dico, sperando che mi risponda qualcosa.

Ma lei continua a fare quello che stava facendo prima che arrivassi: disegna un unicorno, uno dei mille che avrà disegnato dall'inizio dell'anno, uguale a tutti gli altri, né più bello né più brutto.

È vero, i miei compagni non mi stanno ridendo dietro. I miei compagni mi stanno ignorando.

I colpi sulla porta sono così forti che per un momento penso che la tirerà giù.

Mi tolgo le cuffie e guardo l'ora sul telefono: le 19.47. Il pomeriggio se n'è volato via con la mia musica, ma i pensieri neri sono ancora tutti lì, a pesarmi sul cuore.

Salto giù dal letto e vado ad aprire.

«Vuoi smetterla di ascoltare la musica a quel volume assurdo?» mi dice Ale appena me lo trovo davanti.

«Non ascoltavo la musica a un volume assurdo» ribatto. «Se ti ho aperto vuol dire che ti ho sentito.»

Mio fratello si mette a ridere e allunga una mano per scompigliarmi i capelli, ma io faccio un passo di lato e gli sfuggo.

«Certo che mi hai sentito» mi dice. «Ho quasi buttato giù la porta. Mi avrà sentito anche quella del piano di sotto.»

Punto le mani sui fianchi e sbuffo. «Adesso che hai usato la tua dose quotidiana di sarcasmo, posso sapere che cosa vuoi?»

Ale apre bocca, ma la richiude subito. Mi guarda un attimo con una luce improvvisamente seria negli occhi. Mi assale il dubbio di aver esagerato. Me la sono presa con l'unica persona che non c'entra niente. Che cosa può farci lui se io sono una sfigata? Che cosa può farci lui se la mia vita è un casino totale e io non so come uscirne?

«Scusa» gli dico, quasi balbettando. «Non volevo...»

Ma lui scuote la testa. «Non devi chiedermi scusa» risponde, ora con un tono quasi dolce. «Vorrei solo capire che cosa ti succede ultimamente.»

Io abbandono le braccia lungo i fianchi e rimango lì a guardarlo in silenzio.

A volte chi ci vuole bene intuisce le tempeste in cui anneghiamo ed è convinto che basti lanciarci un salvagente per aiutarci. Ma un salvagente bisogna volerlo afferrare, bisogna avere la forza di afferrarlo.

Mio fratello fa spallucce, mi sorride e si avvia lungo il corridoio verso la sala da pranzo.

«Comunque, è pronta la cena» mi grida. «E io il mio sarcasmo lo uso quando voglio!»

«Scemo!» gli rispondo.

Ma la verità è che l'unica scema sono io.

È un mostro orrendo, lo so anche se non riesco a vederlo in faccia.

Non lo vedo perché è buio e perché devo correre per riuscire a salvarmi, ma sono sicura che sia orrendo, lo capisco dai versi che fa, da come urla.

Nel buio ho visto scintillare solo i denti, enormi e bianchissimi.

Se mi prende mi mangia, penso, mentre corro a perdifiato per una strada che non conosco.

Intorno a me è sempre più buio, io corro e chiedo aiuto, ma non c'è nessuno che possa salvarmi.

Il mostro è un passo da me, sento il suo alito freddo sul collo, la terra trema sotto i miei piedi.

«Aiuto!» grido con tutto il fiato che ho in corpo.

Ed è allora che me ne accorgo: il buio è pieno di persone e io le conosco tutte.

Ci sono Anna, Jessica, Michael e Andrea, Lara e la ragazza senza nome, Carlo ed Elena, le quattro del primo banco, quello di prima A che aveva scoperto qualcosa di me stamattina, ma anche Marta e Luigi, e Stefania. C'è tutta la scuola raccolta ai lati della strada, non manca nessuno.

E il mostro è a un passo, si allunga, io scappo ma ormai è inutile. Mi afferra per una spalla e io grido: «Aiuto!».

«Svegliati! È solo un sogno.»

Spalanco gli occhi e sono di nuovo al buio. Mi divincolo dalla stretta che mi blocca un braccio e arretro con uno scarto verso la parete.

«Vattene!» grido.

«Smettila di urlare o mamma e papà si fionderanno qui… com'è che dici tu? In tre, due, uno…»

L'ondata di sollievo mi travolge con una tale violenza che non riesco a trattenermi: scoppio a piangere e butto le braccia al collo di mio fratello.

Lui mi stringe e mi accarezza i capelli, mentre cerca di calmarmi: «Era solo un brutto sogno, è finita, sono qui io».

«Non lasciarmi sola» è l'unica cosa che riesco a dirgli quando finalmente mi calmo.

«No che non ti lascio» mi dice. «Vuoi che vada a prenderti un bicchiere d'acqua?»

Scuoto la testa.

«Sicura?»

Annuisco ancora più decisa.

«Mi hai fatto venire un colpo» riprende Ale. «Ero appena entrato in casa e ti ho sentito gridare» mi spiega, puntando un dito verso l'ingresso di casa come se non abitassi lì anch'io. «Il tempo di arrivare qui e stavi gridando ancora più forte. È un miracolo che i vecchi non si siano svegliati.» E adesso accenna con la testa nella direzione opposta all'ingresso, verso la camera dei miei genitori che sta in fondo al corridoio.

Pesco un fazzoletto da sotto il cuscino – la mia serata non è stata proprio allegra e ho una scorta di fazzoletti lì sotto – e mi soffio il naso.

«Che ore sono?» La mia voce è nasale e ancora impastata di pianto.

«Te lo dico solo se mi dici che cosa stavi sognando» ribatte mio fratello.

Mi soffio di nuovo il naso e mi appoggio le mani sulle gambe incrociate.

In fondo è solo un sogno, penso.

Prendo un respiro profondo, guardo mio fratello negli occhi e dico: «Ho bisogno di aiuto, Ale».

Ma sono impazzita? Dovevo solo raccontargli il sogno.

Lui mi sorride. «Fatti in là» ribatte, e viene a sedersi accanto a me con la schiena contro il muro. «Adesso risolviamo tutto.»

Forse sono pazza davvero, ma gli credo con tutto il cuore.

È il profumo del caffè che mi fa aprire gli occhi. Ha riempito la mia stanza e mi solletica il naso.

Mi metto a sedere nel letto e prendo il telefono dal comodino.

La prima cosa che mi stupisce è che sono le nove e mezza.

Quale catastrofe deve essersi abbattuta su casa nostra per aver impedito a mia madre di svegliarmi alle otto e mezza? Non lo fa per cattiveria, è che non concepisce il concetto di "dormire finché hai sonno". La domenica è una giornata speciale, non bisogna poltrire, ci si alza presto e ci si dà da fare.

"Così hai tutta la domenica davanti" mi dice sempre. Anche se io non ho ancora capito per farci che cosa.

La seconda cosa che mi stupisce è che non c'è nessuna notifica da nessuno dei miei profili social.

Forse Ale aveva ragione, forse si può davvero risolvere tutto. Dopo aver parlato con lui stanotte, il mostro se n'è andato e io ho dormito profondamente come non mi succedeva da tanto tempo.

La brutta notizia, però, è che non ci sono nemmeno notifiche di WhatsApp, e lo stomaco mi si stringe al pensiero che una volta, in un tempo che mi sembra lontanissimo ma era solo poche settimane fa, alla domenica mattina avevo mille messaggi di Jess e mille messaggi di Anna.

Io avevo delle amiche.

Quando arrivo in sala da pranzo, è già tutto pronto per la colazione. In mezzo alla tavola apparecchiata c'è addirittura un vasetto di fiori gialli.

Mi guardo intorno preoccupata: siamo sicuri che questa sia proprio casa mia?

La faccia di mia madre che compare dalla cucina mi conferma che sì, sono a casa mia e non in un universo parallelo.

«Buongiorno, amore» mi saluta, allegra.

Amore? Okay, devo preoccuparmi davvero.

Dietro di lei spunta anche mio padre, che porta in tavola un vassoio pieno di brioche.

«Sono arrivato alla pasticceria in centro, quella che ti piace tanto» mi dice.

Prima che io possa cercare di fuggire dalla gabbia di matti in cui si è trasformata casa mia, sento sbattere la porta del bagno e Ale sbuca in sala da pranzo con il suo passo strascicato da domenica mattina.

«Buongiorno, sorellina!» mi dice allegro, e mi scompiglia i capelli.

E dev'essere proprio una strana domenica perché io non riesco ad arrabbiarmi. E non solo perché tanto i miei capelli sarebbero un disastro lo stesso visto che sono appena uscita dal letto. Non riesco ad arrabbiarmi perché il mio cuore batte calmo e per la prima volta dopo tanto tempo mi sento protetta.

Papà mi guarda con aria interrogativa. «Be'» mi dice «che cosa aspettiamo a sederci?»

«Eccomi! Ci sono anch'io» aggiunge mia madre, arrivando con una caraffa di succo d'ananas, il mio preferito.

La regola della colazione della domenica mattina è che non esistono regole. Me ne rendo conto solo adesso che siamo tutti seduti intorno al tavolo. Visti i lavori particolari che fanno mamma e papà, è difficile essere tutti a casa la domenica mattina, capita una volta al mese più o meno, e io sono piuttosto sorpresa di scoprirmi felice di questa coincidenza.

Dopo la notte che ho passato, sedermi a tavola con Ale e i miei è come approdare in un porto sicuro.

«Avete dormito bene?» domanda mia madre, guardando prima me e poi Ale.

Ha uno sguardo attento, non la sua solita espressione persa nel nulla.

Ale bofonchia qualcosa con la bocca piena e le labbra impiastricciate di zucchero a velo, e per rafforzare il concetto alza un pollice.

«E tu, Emma?» mi chiede mio padre, versandomi il caffè.

Ed è in quel momento che smetto di sentirmi in un porto sicuro, è in quel momento che capisco tutto, tutti i pezzi si incastrano al loro posto e il quadro è perfettamente chiaro e completo.

«Avevi detto che sarebbe stato un segreto fra di noi!» grido in faccia a mio fratello con tutta l'aria che ho nei polmoni.

Mi alzo di scatto, la mia sedia cade per terra con un rumore spaventoso, come se fosse crollato un muro, una casa, come se mi fossi disintegrata io per terra in mille piccoli pezzi.

«Mi hai tradito! Sei un bugiardo!» riprendo a gridare, appena riprendo fiato fra i singhiozzi. Il dolore e la rabbia insieme sono stati troppo forti, non sono riuscita a trattenere le lacrime.

La prima che si avvicina è mia madre: «Non essere arrabbiata, Emma. Glielo abbiamo chiesto noi».

«È vero» conferma mio padre, raccogliendo la sedia e cercando di farmi rimettere seduta. «Ieri notte ti abbiamo sentita gridare e ci siamo svegliati. Abbiamo capito subito che era un brutto sogno.»

«Ma io non ero tranquilla» mi spiega mia madre, allungandomi un fazzoletto. «Non riuscivo a riprendere sonno e ho chiesto a tuo padre di venire a vedere. Sei così strana da un po' di tempo e volevo capire, avevo bisogno di capire.»

«E io l'ho incontrato in corridoio mentre uscivo dalla tua stanza» dice mio fratello.

Nella mia testa suonano mille sirene. Sono nel panico totale, come una barca in mezzo alla peggiore tempesta. Mi sento tradita, ma anche sollevata. Mi sento arrabbiata, ma anche grata. Che cosa succederà adesso? Sono nei guai? Temo che sia l'unica cosa certa. Ho fatto un casino, ho fatto un gran casino.

Mio padre mi allunga un bicchiere di succo senza aggiungere una parola.

Mio fratello dà un altro morso alla sua brioche e mi sorride come se niente fosse, alzando le spalle.

Mia madre mi prende per mano e ha un tocco così morbido e delicato che rimango sorpresa e la fisso come se la vedessi per la prima volta. E forse è davvero così, forse la vedo per la prima volta. Forse ci vediamo tutti per la prima volta.

«Con calma e dall'inizio» mi dice lei, con un sorriso pieno di dolcezza.

«Non aver paura» aggiunge mio padre. «Noi siamo con te.»

Stringo la mano di mia madre e prendo un respiro profondissimo come quando facevamo le gare di resistenza in piscina con mio fratello.

«Mi dispiace» è la prima cosa che mi viene da dire. «Non volevo deludervi.»

Mio padre scuote la testa: «Non ci hai mai delusi, è importante che tu lo capisca».

Piango ancora, piango in silenzio, non più per la rabbia, ma per un senso di liberazione totale e di sorpresa che mi travolge tutto a un tratto guardando i miei genitori e mio fratello.

Mi soffio il naso e riprendo: «Non lo so come è cominciata. È stato un caso».

Spiego loro tutto quello che è successo, un giorno dopo l'altro, un commento dopo l'altro. Spiego loro le amiche che ho perso, il laboratorio, le chiacchiere. Spiego loro quanto sia difficile vivere accerchiata senza sapere da chi. Spiego loro tutto quello che ho tenuto dentro nelle ultime settimane. E quando ho finito resto in silenzio, all'improvviso, stupita da quanto io mi senta vuota ma in pace con il mondo per la prima volta dopo tanto tempo.

I miei e Ale si riscuotono. Anche se mio fratello li aveva già preparati, mamma e papà hanno un'aria incredula.

«Ma come è possibile che sia successo tutto questo senza una ragione?» mi domanda mia madre.

Io posso solo alzare le spalle e rispondere: «Non lo so».

Mio padre, invece, è più concreto e cerca soluzioni: «Davvero non hai idea di chi sia questo tizio dei commenti?».

Scuoto la testa: «Il profilo è vuoto, non c'è niente di niente, solo il nick».

«Però è della tua scuola» ribatte lui. «Lo ha fatto capire in modo chiaro. Non possiamo fare finta di niente.»

Mamma e Ale annuiscono.

«Papà ha ragione» dice mia madre.

«Dobbiamo parlarne con il preside» conclude mio padre.

A quelle parole, le mille sirene riprendono a suonare nella mia testa. «No, per favore!» dico, gridando più di quanto avrei voluto. «Già mi considerano una sfigata, sarebbe un disastro totale.»

Mio padre scuote la testa, ma rimane in silenzio, che non è mai un bel segno perché il silenzio in genere significa "Ormai ho deciso".

Mia madre, invece, cerca di spiegare: «Emma, capisci che non c'è un'altra strada? Il preside deve sapere quello che succede nella sua scuola, anche per il bene di altri tuoi compagni che potrebbero subire la stessa cosa».

«Non posso! Non potete andare dal preside!» protesto. «Magari ne parlo con uno dei miei prof» tento. «La Riva è una disponibile. Fatemi provare!»

Ma papà è irremovibile: «Non se ne parla, hai già sofferto abbastanza per questa situazione. Domani prenderemo un appuntamento con il preside, è deciso».

«È per il tuo bene» dice mia madre. E mi abbraccia stretta.

Dopo aver finito di fare colazione, sono definitivamente uscita dal letto. Oggi non voglio stare tutto il giorno a guardare il soffitto.

«Devo reagire» mi sono detta sedendomi alla scrivania con la mia inseparabile musica nelle orecchie.

Sto cercando di inventarmi un fascinator a tema natalizio. Sono partita con tanto entusiasmo, ma è quasi un'ora che fisso nel vuoto senza riuscire a mettere insieme né i pezzi del fascinator né i miei pensieri.

Non ce la faccio proprio a fermarli, sembrano schegge impazzite che rimbalzano qua e là senza controllo, tirandomi insieme a loro in una specie di danza folle.

Mi sento definitivamente divisa in due, spaccata, tagliata in due metà che non riescono a parlarsi.

Da un lato, sono felice come non lo ero da tanto. Parlare anche con i miei è stato liberatorio: non ho più quel macigno sullo stomaco. Anzi, il macigno c'è ancora, è troppo grosso per svanire nel nulla, ma adesso la mia famiglia porta il peso insieme a me.

Dall'altro lato, però, il solo pensiero dei miei che vanno da Tavalli mi terrorizza. Non c'è un'altra strada, me ne rendo conto, ma ho anche la sensazione che le cose peggioreranno se il preside non troverà in fretta il responsabile. Già mi sembra di sentirli certi sguardi che mi pesano addosso più di adesso.

«Maledizione!» sbotto, quando la colla si rovescia sulla scrivania. «Perché mi va sempre tutto storto?»

Mi alzo di scatto, devo andare a prendere qualcosa per pulire il disastro che ho fatto, ma le gambe non mi reggono e ricado a sedere alla scrivania. Mi sento stanchissima, come se quel continuo seguire le schegge impazzite dei miei pensieri mi avesse tolto tutte le energie che avrei voluto usare per fare qualcosa di bello con le mie mani.

«Non passerà mai» mi dico da sola, tirando su con il naso.

Ma Phillip Phillips mi canta nelle orecchie: *Just know you're not alone, 'cause I'm going to make this place your home.*

Forse ha ragione lui.

Tolgo le cuffiette, prendo tutto quello che ho sulla scrivania, mi alzo, apro la porta e mi avvio verso la sala da pranzo.

«Mamma!» grido. «Mi aiuti a fare una cosa?»

Un imprevisto

Stamattina ho deciso: prendo il coraggio a quattro mani.

Anna sale due fermate dopo la mia e io la aspetto. L'autobus si ferma, io mi sporgo oltre lo zaino enorme del ragazzo in piedi davanti a me e la vedo.

Il mio piano prevedeva che mi sarei subito fatta largo fra la folla della mattina, l'avrei raggiunta e l'avrei costretta ad ascoltarmi (sull'autobus stracarico non ci sono vie di fuga). Adesso, però, Anna si gira, mi guarda e… tre, due, uno… leggo nei suoi occhi tutto quello che ha dentro, tutta la rabbia che prova ancora verso di me e le mie gambe diventano all'istante più rigide di due tronchi, i miei piedi pesano tonnellate.

Abbasso in fretta lo sguardo e faccio un passo indietro per nascondermi meglio nel mio angolo.

Credevo sarebbe stato più facile convincermi del fatto che non ho niente di cui vergognarmi, ma evidentemente mi sbagliavo.

Anna prenota la fermata ed è la prima a saltare giù dall'autobus quando si ferma.

Io resto indietro, ma quando scendo riesco ancora a vederla, è a pochi passi da me.

Ora che la guardo meglio, mi rendo conto che oggi è più colorata del solito. Da sotto il cappotto rosso spuntano i suoi pantaloni viola, quelli che abbina sempre con la maglietta a righe bianche e verdi e il maglione verde. E i capelli, be', quelli sono tornati all'azzurro del primo giorno di scuola.

Era solo tre mesi fa, penso.

Io sono sempre la stessa, lei è sempre la stessa, non è giusto che un vigliacco si metta fra di noi.

«Anna!» la chiamo forte, fortissimo e accelero il passo. «Anna!»

Lei rallenta, ha un momento di esitazione ma non si volta. È un istante e ora ha già raddrizzato la schiena, si è irrigidita, se ne va quasi correndo.

Io mi fermo a metà del passaggio pedonale. Sto ancora agitando in aria la mano come se bastasse quel gesto per fermarla.

«Anna» sussurro fra me e me.

E vorrei piangere, ma non posso. Troppi sguardi curiosi mi aspettano, pronti a trovare una spiegazione al mio dolore.

«Quindi, vediamo di darci una mossa. È chiaro per tutti?»

La prof Riva oggi sembra particolarmente carica. È come se tutte le energie che io non ho più si fossero trasferite a lei per una specie di magia che non dipende da me e che vorrei poter invertire.

Prima di cominciare questo ennesimo straziante laboratorio del lunedì pomeriggio, lei e Carpi hanno deciso di farci venire un attacco aggiuntivo di ansia ricordandoci che la festa di Natale è alle porte, manca poco e noi, be', ovviamente noi abbiamo ancora troppe cose da fare.

Guardo l'ora sul cellulare: sono solo le due e un quarto. Speravo che la ramanzina terrorizzante-motivazionale durasse di più.

Resto ancora seduta un attimo, mentre i miei compagni di laboratorio si sono già riuniti nei vari gruppi di lavoro. I ragazzi delle scenografie sono quelli più vicini a finire, devono solo assemblare i due pannelli centrali e passare su tutto una mano di fissante per il colore. Anche i ragazzi del gruppo degli inviti sono a buon punto, o meglio, credevano di esserlo, ma stampando una locandina e un invito di prova si sono resi conto di aver scelto per il logo che hanno inventato un colore troppo spento. Quindi, si sono già seduti al computer pronti a sperimentare nuovi bilanciamenti.

E il mio gruppo? Il mio gruppo si è già ricomposto e poi diviso nei soliti gruppetti, dopo aver fatto il punto della situazione. Senza di me.

Io alla festa non ci vado neanche morta, penso.

Anche perché, quando i miei verranno a parlare con Tavalli, le cose potranno solo peggiorare. Mamma mi ha scritto su WhatsApp, hanno preso appuntamento per mercoledì.

«Emma, va tutto bene?»

Io salto sulla sedia e mi volto di scatto. «Tutto bene, sì» rispondo con un'aria che dice l'esatto contrario.

La prof Riva, infatti, mi guarda poco convinta. Per un istante mi assale il dubbio che il preside abbia già avvisato tutti i prof, me lo immagino in piedi nel bel mezzo della sala professori a proclamare ai quattro venti: "Damiani di prima B ha un hater qui a scuola. I suoi genitori vengono a parlarmene mercoledì". Una fitta mi attraversa la testa da una tempia all'altra.

Ma poi la prof riprende: «Allora che cosa ci fai ancora qui seduta?».

No, non sa niente. Non sa ancora niente.

Scatto in piedi e agito le mani, neanche fossi un mulino a vento: «Mi scusi… Non volevo… Non mi sono resa conto…».

«Poche storie e più lavoro, Damiani» ribatte lei, facendomi segno di andare.

E visto che ormai non posso più evitarlo, raggiungo Michael.

«Cosa devo fare?» gli domando, appoggiando lo zaino per terra vicino al suo.

Ormai ho smesso di salutarlo, è fiato sprecato, non risponde mai. E ho anche smesso di cercare di guardarlo in quei suoi occhi grigio-azzurro-verde, è inutile, non mi guarda più in faccia.

Senza alzare la testa da quello che sta facendo, indica una pila di scatole di varie dimensioni e dice: «Bisogna sistemare quelle e ricoprirle».

“Lo facciamo insieme?” vorrei chiedergli, ma la morsa che mi serra lo stomaco è ormai troppo stretta per riuscire a parlare ancora.

Andrea e Anna scoppiano a ridere e io alzo istintivamente la testa. Stanno parlando fitto, occhi negli occhi.

Anna dice: «Ma a me piace questa!». E si impossessa del telefono che Andrea ha collegato come sempre alla cassa.

Lui guarda in aria sbuffando, si rincorrono per un po’ finché Carpi si volta e li fulmina.

Anna riprende il telefono e alza il volume. Adesso li sento anch’io i Kodaline: *When you said your last goodbye, I died a little bit inside*.

Era una delle nostre preferite. Anna e io la ascoltavamo sempre prima di metterci a studiare e ci dicevamo quanto sarebbe stato romantico avere qualcuno pronto a dedicarcela.

“Io ci tornerei subito insieme” diceva sempre lei. “Altro che goodbye.”

Con lo stomaco sempre più chiuso, raccolgo le scatole e mi guardo intorno. Mi serve un piano di lavoro su cui appoggiarmi, altrimenti ci metterò il doppio del tempo, ma lo voglio il più lontano possibile da Michael.

Anna e Andrea si sono presi il più grande per finire di tagliare, colorare e incollare l’ultimo giocattolo di polistirolo. Carlo ed Elena hanno preso quello accanto, insieme a Marta e Luigi. Si è creato un legame molto forte fra loro quattro. Se non fossi così angosciata per la mia esistenza, sarei felice di vederli tanto affiatati.

Lara e la ragazza senza nome, invece, se ne sono sempre rimaste per conto loro, ma la scelta ha funzionato perché sono state le prime a portare a termine il lavoro. Infatti, hanno appena appoggiato lo scatolone con tutte le decorazioni ai piedi dell'albero e sono pronte per cominciare a decorarlo.

Butto un'occhiata al tavolo che usano di solito, è libero.

«Pare che io abbia trovato casa» mi dico da sola, per riempire il vuoto che mi si allarga dentro.

Il tavolo è più piccolo di quanto me lo ricordassi, le scatole non ci stanno tutte, ma non mi serve nemmeno visto che vanno riparate e incartate una alla volta.

Ci appoggio sopra lo scatolone in cui ho infilato scotch, forbici e colla per le riparazioni e lo svuoto. La manica della felpa si impiglia nel cartone, poi il bordo resta incastrato nello spigolo del tavolo, poi il flacone della colla le tira un filo e ci resta appeso, e alla fine non la sopporto più: la tolgo e la butto in uno degli scatoloni in attesa di lavorazione sotto il tavolino.

«Allora, vediamo» mi dico sempre da sola, valutando il cartone che ho appena svuotato. «Non ha più il coperchio, ma posso metterci un pezzo di cartoncino.»

Prima o poi qualcuno mi prenderà per pazza, penso, mentre mi allungo verso un avanzo di cartoncino che Lara e la ragazza senza nome hanno abbandonato sul tavolo.

Quando lo vedo e mi rendo conto che sta cadendo, è già troppo tardi: il telefono precipita in una delle scatole sotto il tavolo con un piccolo tonfo che sento a malapena io.

Mi sporgo e sbircio nel cartone: è atterrato sulla mia felpa. Considerata la quantità media di sfiga che mi perseguita ultimamente, direi che è andata benissimo.

Mi allungo e prendo il cellulare. È quello della ragazza senza nome, lo riconosco dal PopSocket con i brillantini. Mi volto agitando in aria il telefono. Vorrei chiamare la ragazza senza nome, ma... non riesco a ricordarmi il nome.

«Giovanna!» D'un tratto sento la mia voce gridarlo così forte che tutto il laboratorio si ferma.

Non l'ho fatto apposta, lo schermo si è illuminato e l'ho visto: un account Instagram con il tondo grigio e la sagoma bianca, nessuna foto profilo, nessuna identità per lei, per eccola_la_verità.

Sì, eccola la verità, penso, mentre Giovanna mi raggiunge con aria seccata.

Si ferma a un passo da me con le mani puntate sui fianchi e mi domanda: «Si può sapere che cos'hai da gridare?».

Sono raggelata, immobile, per un momento penso che sverrò, l'istante dopo penso che le tirerò il telefono e comincerò a gridarle tutte le parolacce che conosco. Poi penso che mi siederò per terra e mi metterò a piangere finché non avrò finito le lacrime, e alla fine griderò tutto quello che mi passa per la testa e resterò senza fiato. E forse questa volta il mondo mi crollerà addosso davvero, sì, forse il mondo mi crollerà addosso definitivamente e io non mi alzerò mai più.

La fisso con gli occhi sgranati, ma non riesco a risponderle.

L'unica cosa che riesco a fare è porgerle il telefono.

«Veramente quello è il mio» dice Lara, mentre me lo strappa dalle mani.

E a quel punto l'onda spaventosa mi ha investita in pieno e io non riesco più a respirare.

Dimmi perché

L'infermeria della scuola è una stanza minuscola vicino alla segreteria.

Ci sono un lettino identico a quello che c'è nello studio del mio dottore, una scrivania con una sedia e un armadietto di vetro e metallo pieno di medicine, disinfettante, garze e un sacco di altre cose che, a giudicare dal colore delle scatole, deve essere lì da qualche decennio.

Non so quanto tempo sia passato da quando la prof mi ha accompagnata qui. Fuori dalla finestra è già buio, ma a dicembre fa buio in fretta. Mi metto a sedere sul lettino e mi massaggio le caviglie. Sembra che la tensione si sia accumulata tutta lì.

Alla fine sono svenuta. Quando ho aperto gli occhi mi sono trovata davanti le facce della Riva e di Carpi. I miei compagni erano già tornati tutti ai loro lavori. Anche Lara era già sparita.

Scendo dal lettino e mi piego un paio di volte sulle ginocchia come se il mio svenimento fosse dipeso da loro e non dall'esplosione che mi si è scatenata in testa.

«Lara è lui, è il mio hater» sussurro.

Ora eccola_la_verità ha una faccia, una voce, un corpo, esiste. Il mio hater esiste e all'improvviso questa cosa mi fa sentire strana, carica di un'energia che non mi aspettavo.

Comincio a girare per la stanza a passi lunghi e pesanti. L'istinto mi dice di tornare al laboratorio e affrontarla subito, ma non sarebbe giusto.

«Io non sono come lei» annuncio al piccolo mondo silenzioso dell'infermeria, consapevole di me stessa e del mio modo di essere più di quanto io non lo sia mai stata prima d'ora.

Lei mi ha umiliata, presa in giro, ha riso alle mie spalle. Lei mi ha resa ridicola davanti a tutta la scuola, mi ha resa una sfigata anche agli occhi di me stessa. Ma io non farò la stessa cosa.

Mi blocco davanti alla porta. Ho il fiatone, mi gira un po' la testa, mille coriandoli di luce colorata mi si affollano davanti agli occhi. Prendo un respiro profondo, afferro la maniglia e il contatto con il metallo freddo mi tranquillizza, come se stessi prendendo fuoco e qualcuno mi avesse buttato addosso un secchio d'acqua. I coriandoli di luce scompaiono.

Ora so esattamente che cosa farò.

Il laboratorio è finito con qualche minuto di anticipo.

Pare che le minacce motivazionali di Carpi e della Riva abbiano funzionato molto bene: siamo riusciti a finire tutto quello che era rimasto in sospeso e la settimana prossima verremo solo per consegnare ai professori le relazioni per il bonus in pagella.

In realtà, quando sono tornata in aula magna, anche le scatole che avevo lasciato ancora da fare sotto il tavolo, sotto quel tavolo, erano infiocchettate alla perfezione, ma non credo che questo possa cambiare qualcosa rispetto ai miei voti.

I voti, perché sono stati quelli a portarmi qui, in questo laboratorio, seguendo i consigli di due persone che ora sono uscite dalla mia vita. Quante cose sono cambiate da allora. E quanto sono cambiata io.

Quel disastro di Emma, per esempio, adesso lascerebbe uscire Lara senza fermarla e giustificherebbe la cosa dicendosi "A che cosa serve? Forse ha ragione lei. Sono davvero una sfigata".

Ma adesso no.

Carpi finisce il suo discorsetto e ci saluta con il suo solito: «Rompete le righe!».

Scatta un applauso, pacche sulle spalle, abbracci. Poi tutti raccolgono in fretta le proprie cose ed escono.

Appena la vedo infilare la porta dell'aula magna, la seguo. Mescolata in mezzo agli altri non mi vedrà.

Arriviamo in fondo al corridoio, in fondo alle scale ed ecco, siamo fuori, davanti alla scuola.

Qui è più difficile restare nascosta, evitare che mi veda, ma sono le cinque, ormai è buio e per una volta sono io che riesco a nascondermi nell'ombra.

Mentre la seguo, mi rendo conto che non ho idea di

dove viva Lara, non so che autobus prenda, non l'ho mai vista alla fermata con qualcuno.

«E a scuola?» mi sfugge a voce alta. Già, a scuola l'ho mai vista con qualcuno?

Lei si blocca e si volta. Si guarda intorno con aria preoccupata.

Appiattita in una rientranza del muro, rimango immobile con il cuore che mi batte furiosamente in gola.

Ripenso in fretta alle volte in cui l'ho incontrata, ma la ricordo sempre da sola. In aula magna per l'iscrizione al laboratorio e poi al primo giorno di laboratorio, nei corridoi all'intervallo, in cortile, da sola, sempre da sola.

La sento fare un passo nella mia direzione. «Chi c'è?» domanda verso la rientranza in cui sono nascosta.

Faccio un passo anch'io e mi fermo sotto la luce di un lampione che sfarfalla a metà strada fra me e lei.

Lara mi fissa con aria sorpresa. «Mi hai spaventata» mi dice. «Non dovresti nasconderti in questo modo. Non è uno scherzo divertente.»

Trema leggermente, le ho fatto davvero paura. Mi fa quasi tenerezza.

«È strano detto da te» ribatto.

Lei scuote appena la testa e fa spallucce.

«"Non dovresti nasconderti in questo modo"» ripeto, e mi sorprendo a virgolettare. Anna mi si è attaccata addosso molto più di quanto io stessa sia disposta ad ammettere. «"Non è uno scherzo divertente"» continuo, senza smettere di guardarla negli occhi mentre mi avvicino.

Quando siamo una di fronte all'altra, così vicine che le punte delle nostre scarpe si sfiorano, prendo un respiro profondo e dico: «Allora perché tu ti nascondi per fare i tuoi scherzi?».

Lara comincia a sudare, vedo distintamente la fronte farsi lucida. Sembra davvero spaventata.

«Sei sicura di sentirti bene, Emma?» mi domanda. «Di che scherzi parli? Io non faccio scherzi.»

«No, in effetti non sei tu a farli» ribatto, quasi con una risatina. Da dove mi esce tutta questa forza? «È eccola_la_verità a fare tutto.»

E adesso la guardo e aspetto.

Silenzio.

La mia hater mi fissa incredula. È pallida e trema un po' di più. Abbassa in fretta lo sguardo sulla punta delle scarpe e fa un passo indietro, uno solo, come se bastasse quello a mettere una distanza fra di noi, fra me e lei e quello che le ho appena detto.

«Perché?» le domando, con una tranquillità che spaventa anche me. «Dimmi, perché lo hai fatto?»

Silenzio.

«È per Michael?» le chiedo, ricordandomi del primo giorno, quando lo aveva salutato con tanto entusiasmo.

Lei fa spallucce e biascica: «Forse... All'inizio... Non so».

«All'inizio? E poi perché? È per qualcosa che ho detto al laboratorio? Qualcosa che ho fatto?» continuo. È chiaro che Michael non è una spiegazione sufficiente e io non avrò pace finché non capirò tutto quello che è successo.

Lara scuote ancora la testa.

«Vuoi almeno guardarmi in faccia quando ti parlo?» sbotto.

Lei alza di scatto la testa e mi fissa: è tutta rossa e ha il viso rigato di lacrime.

«Io non credevo...» mi dice. «Io non volevo...»

Le afferro una mano. Lei non cerca nemmeno di liberarsi, mi fissa soltanto con aria sorpresa. «Sono una persona» le dico, portandomi la sua mano sul petto. «Lo senti che sono una persona? Questo è il mio cuore. Lo senti? Io sono reale, di carne e ossa. Io esisto. Te ne rendi conto? È a me che hai fatto del male. Non viviamo in un mondo virtuale, viviamo in quello reale ed è in quello reale che mi hai ferita e umiliata. Te ne rendi conto?»

Lara mi guarda con gli occhi pieni di lacrime. «Io non credevo... io non volevo...» ripete.

Le lascio andare la mano e lei se la guarda come se dovesse trovarci sopra una cicatrice, una bruciatura, il segno che la realtà esiste e che in quella realtà lei mi ha fatto del male e non ha nemmeno idea della ragione per cui l'abbia fatto.

I suoi passi si perdono nel rumore del traffico della sera.

Il lampione sfarfalla ancora una volta prima di spegnersi del tutto.

Terza parte

Nuovi inizi

Uno per tre

Dall'ultima volta che mi sono seduta a questo tavolino non è cambiato niente, almeno qui dentro.

Il bar Centrale è uguale a come lo avevamo lasciato quel pomeriggio di, quanti?, tre mesi fa: il barista dietro il bancone mi ha già chiesto due volte sbuffando se voglio ordinare, il vecchietto che gioca a carte nel tavolino qui accanto mi ha già chiesto due volte se per caso sono già stata qui perché ho una faccia conosciuta, e intorno a noi non c'è nemmeno un gruppo di ragazzi in modalità sabato pomeriggio.

Eppure sono felice di essere qui, felice come non lo ero da tanto tempo, perché sto aspettando Jess e Anna.

Il messaggio sulla chat non diceva Vediamoci al Centrale alle tre e tornerà tutto come prima. Diceva solo Vediamoci al Centrale alle tre. Ma io lo so, tutto tornerà come prima.

L'orologio sulla parete dice che sono le tre meno un quarto. Forse sono arrivata troppo presto.

Guardo verso il bancone sperando di incrociare lo sguardo del barista, ma ovviamente adesso lui è infilato con la testa nella lavastoviglie a fare chissà che cosa –

sento uno strano rumore di ferraglia – e non considera minimamente la mia esistenza.

Ecco, appunto, mi pare che sia già tutto come prima. Sorrido appena e scuoto la testa. Non è vero e non è possibile che tutto torni come prima perché io non sono più quella di prima. Anzi, sono sempre quel disastro di Emma, i miei teoremi valgono sempre – soprattutto il quarto –, ma in un certo senso non sono più lo stesso disastro.

Il campanello sulla porta tintinna e io mi volto di scatto: è un signore alto con i capelli grigi. Entra e viene subito a sedersi al tavolo accanto al mio.

E se fosse stato solo uno scherzo?, penso all'improvviso con terrore.

Ecco, è in questo che non sono più io. Certe paure, lo sto imparando a mie spese, ci mettono un sacco di tempo a passare e ti lasciano addosso la sensazione che non potrai più fidarti di nessuno e tutti saranno sempre lì pronti a giudicarti, a divertirsi alle tue spalle, a ridere di te.

Lara ha detto al preside – alla fine i miei genitori hanno chiesto un colloquio allargato a lei e ai suoi genitori – che non credeva di aver fatto niente di così grave. "In fondo erano solo parole", così ha detto, solo parole.

Mi sfugge un sospiro, scuoto appena la testa.

«Sei in anticipo.»

La voce di Jess mi fa saltare sulla sedia, il cuore mi arriva in gola e mi ritrovo catapultata di nuovo sul pianeta-Centrale.

Jess e Anna sono in piedi di fronte a me. Abbiamo tutte lo stesso imbarazzo dipinto in faccia, restiamo immobili per la paura di fare o dire la cosa sbagliata. È tanto tempo che non ci vediamo e non ci parliamo, sono successe tante cose che dobbiamo spiegarci, ci sono piccoli e grandi dolori da affrontare.

Da qualche parte dovremo pur cominciare, mi dico.

«Anche voi siete in anticipo» rispondo, accennando verso l'orologio che ora segna le tre meno dieci.

«Non volevamo lasciarti troppo tempo da sola in mezzo a tutti questi ragazzi» dice Anna, e si soffia via il ciuffo di capelli azzurri che le cade sempre sulla fronte.

Jess le tira una gomitata: «Non cominciare con le tue cagate, per favore».

Anna le fa una linguaccia e per un momento penso che Jessica si girerà e si metterà a gridarle i peggiori insulti che conosce, ma invece succede il primo miracolo: Jess scoppia a ridere.

«La tua amica artistica è sempre più scema» mi dice, sedendosi.

«Quasi quanto la tua amica ginnastica» ribatte Anna.

«Ginnasta, si dice ginnasta» intervengo io.

Agito la mano in aria e grido al barista: «Tre coche, per favore!».

«Lo dicevo io che ti conoscevo» esclama il vecchietto accanto a noi.

Signore e signori, avete assistito a una vera autentica figura di C. Io avvampo, Jess e Anna ridono.

Ed ecco che succede il secondo miracolo: siamo in una macchina del tempo, di nuovo tutte e tre insieme, diciamo stupidaggini, ridiamo e brindiamo con le coca-cola che il barista ci ha appena portato.

Ma non posso accontentarmi di questo, a volte le parole non dette possono essere pericolose quanto quelle dette con troppa leggerezza.

«Noi dobbiamo parlare» inizio, seria.

C'è così tanto silenzio fra di noi che riusciamo a sentire le carte che scivolano sul piano del tavolo accanto.

«Mi dispiace» riprendo, guardando prima Jess e poi Anna.

«Di non averti detto niente di quello che mi stava succedendo» dico, continuando a parlare alla mia compagna di banco «ma avevo paura di tutto e di tutti, avevo paura che ti saresti accorta anche tu che sono una sfigata...» Mi interrompo, ci penso un istante e riprendo: «Che mi sentivo una sfigata».

Se c'è una cosa che ho imparato è che non esistono persone migliori o peggiori di altre. Ciascuno è come è, speciale a modo suo, unico. Io sono unica e posso fare quello che voglio senza che nessuno abbia il diritto di giudicarmi o deridermi. Io posso e devo credere in me stessa, nelle mie idee, nei miei sogni.

Alzo una mano e fermo Anna che vorrebbe rispondermi, ma io non ho ancora finito e se non continuo a dire quello che ho in testa non riuscirò più a trovare la forza di riprendere il filo e arrivare fino in fondo.

«E mi dispiace di non aver capito che ti avevo ferito,

che ti sentivi trascurata e avevi bisogno di me» dico a Jessica, con la voce che mi si spezza. Riprendo fiato, supplicandola con gli occhi di ascoltare in silenzio. «Sono stata una pessima amica e ho dato a te la colpa della mia solitudine. Avevo bisogno di te e tu non c'eri, ma la verità è che è stata solo colpa mia se mi sono ritrovata da sola, sono stata io la prima a non capire.»

Tiro su col naso, ricaccio indietro le lacrime, sono stanca di piangere, non voglio più farlo per almeno vent'anni.

Anna e Jess si guardano, non dicono nulla ma a un certo punto annuiscono tutte e due contemporaneamente. Se questo è un linguaggio segreto che si sono inventate non so bene quando, faranno meglio a insegnarmelo o non saranno più mie amiche.

«Dispiace anche a me» comincia Jessica, allungando una mano e stringendo la mia.

Ecco, mano nella mano con la mia amica potrei anche combattere il peggiore dei mostri.

«Sono stata egoista e mi sono comportata male con te e con Anna» riprende Jess. «Ad Anna ho già chiesto scusa e ora chiedo scusa anche a te.» Mi guarda dritto negli occhi: «Scusami, Emmatta. Ti voglio bene».

«E te ne voglio anch'io» dice Anna, che si è inserita con una tempistica perfetta nel discorso di Jess. Dovranno decisamente spiegarmi come fanno.

Anche la mia compagna di banco mi prende per mano e adesso sono invincibile, siamo invincibili, non avremo più paura di niente.

«E scusami perché sono stata egoista anch'io» riprende Anna. «Ho pensato solo al fatto che non mi avevi parlato dei commenti e non ho neanche provato a immaginare come dovevi sentirti. Una vera amica non mette se stessa al centro di tutto. Una vera amica capisce quando c'è bisogno di lei. Ma non succederà più.»

Resisto, *non piango*, *resisto*, mi ripeto in testa, guardando negli occhi le mie amiche.

Poi Jess infila una mano in borsa, tira fuori una scatolina con un grosso fiocco verde brillante e me la allunga sul tavolo senza dire una parola.

Io la guardo come una bomba pronta a esplodere, lascio le mani delle mie amiche e tiro un capo del nastro. Il coperchio si sfila un po' a fatica perché è ben incastrato, ma quando riesco a toglierlo non c'è più niente da fare: scoppio a piangere così forte che i vecchietti del tavolo accanto fermano la partita.

Jess e Anna si alzano e mi abbracciano. L'abbraccio di un amico è un posto bellissimo.

«Bevi un sorso» mi dice Anna, passandomi il bicchiere della coca.

«È stata una mia idea!» esulta Jess.

«Un'idea bellissima» ribatto, guardando nella scatolina.

Sul fondo brillano tre braccialetti identici con tre ciondoli a forma di cuore identici. E su ciascun cuore sono incise le parole più belle del mondo: *Forever Friends*.

Evviva le renne!

L'aula magna è assolutamente irriconoscibile: ci sono fari e faretti ovunque, sullo schermo che hanno montato dietro al palco cade una neve così fitta che sembra davvero che nevichi a scuola, e la musica del dj set mi piace un sacco.

«Peccato che non ci sia Jess» mi dice Anna.

Dispiace molto anche a me, ma per questioni di sicurezza è stato impossibile aprire gli inviti ad altre scuole. In effetti, già così l'aula magna sembra che stia per esplodere.

«Faccio qualche foto e gliela mando» dico alla mia compagna di banco.

Per l'occasione Anna si è tinta i capelli di quello che ha definito "rosso Babbo Natale". Andrea, che ancora non è arrivato, ha promesso di mettersi un cappellino da elfo, così faranno la Signora Natale e il suo elfo.

Sorrido all'idea. Non ho ancora capito se stanno insieme e, a dirla tutta, non l'ha capito nemmeno Anna, ma di certo sono felici. E chi ha detto che bisogna per forza trovare un'etichetta per ogni sentimento?

Mi allontano di qualche passo e cerco il punto migliore per avere una bella visione di insieme.

Voglio che Jess veda bene i pannelli della scenografia sul palco perché sembra davvero di stare nella bottega di Babbo Natale. Anche l'albero di Natale con le palline, le decorazioni, le ghirlande è una vera meraviglia. Scintilla sotto le luci come se fosse ricoperto di polvere di fata. Mi metto in posa per un selfie davanti all'albero. Sono sicura che Jess apprezzerà particolarmente il mio cerchietto con le corna da renna. Sta benissimo con il vestito rosso che mamma mi ha regalato apposta per la festa.

«Siete stati bravissimi!» dico ad Anna, che mi ha raggiunta e sta facendo un vero servizio fotografico al suo unicorno a dondolo, mentre i giochi di luci del palco fanno brillare come un faro il suo tubino coperto di brillantini color unicorno. «Sembrano veri giocattoli di legno. Sono bellissimi!»

Si volta, mi fa un sorriso a trentadue denti e ribatte: «Grazie, lo so!».

Le do una pacca sulla spalla: «Sei la solita scema».

«Be', anche i nostri pacchetti non sono male.»

Anna e io ci voltiamo in contemporanea, prima guardiamo Michael, poi ci guardiamo in faccia. Ma deve esserci qualche problema con il codice che le mie amiche mi stanno insegnando, perché io le dico con gli occhi "Non muoverti da dove sei", invece lei agita una mano nella mia direzione e in… tre, due, uno… è sparita nel nulla.

Il primo istinto è quello di seguirla. Faccio anche un passo verso di lei, ma Michael è più veloce, mi si para davanti e mi blocca. Non dice niente, non fa niente, mi fissa in silenzio e basta con quei suoi occhi grigio-azzurro-verde e quel suo sorriso che mi sembrava così dolce tanto tempo fa. E più lui mi fissa e mi sorride e più io sento la rabbia salirmi dallo stomaco.

«Ciao» mi dice, come se non fosse passata un'eternità dall'ultima volta che mi ha guardata in faccia e mi ha rivolto la parola.

È davvero troppo. Io non rispondo, giro sui tacchi, ma riesco a fare solo un altro passo.

«Aspetta, per favore» riprende, afferrandomi una mano.

Il respiro mi si ferma, il cuore manca un battito. La rabbia che sentivo esplodermi dentro ribolle ancora più forte. Pensa che sia così semplice? Pensa che basti prendermi per mano e tutto ricomincerà da dove lo abbiamo lasciato?

Quando mi volto, d'istinto Michael indietreggia e mi lascia andare.

«Scusa» mi dice, guardandosi le mani che improvvisamente non sa più dove mettere. «Pensavo che ti facesse piacere.»

«Perché avrebbe dovuto?» gli domando, con un tono così tagliente che mi faccio paura da sola. «Vediamo... facciamo un piccolo riassunto... prima mi tratti come se fossi l'unica ragazza al mondo degna della tua attenzione, poi escono i commenti stupidi su internet e smetto di essere degna di attenzione.»

«Io non...» tenta lui, ma lo zittisco con uno sguardo.

«Prima finisco io» ribatto, alzando un dito e puntandoglielo addosso minacciosa. «Dov'ero rimasta? Ah, sì, escono i commenti e smetto di essere degna di attenzione. Però adesso la cosa è risolta e sono di nuovo degna del gran figo della scuola. È per questo che dovrebbe farmi piacere?»

Mi rendo conto di aver gridato solo perché un gruppetto di ragazzi fermi a poca distanza da noi si volta e ci fissa con aria sorpresa. Michael allunga una mano come per farmi spostare più in là, in un punto più appartato, ma io mi irrigidisco.

«No, io resto qui e se vuoi ascoltarmi resti qui anche tu» sibilo, a voce più bassa.

Lui annuisce, ma si vede che è a disagio.

«Nel momento in cui stavo peggio in assoluto tu mi hai mollata da sola, tutti mi avete mollata da sola» preciso. «Solo che gli altri hanno avuto il coraggio di scusarsi. Andrea si è presentato in classe una mattina con la mia merendina preferita.»

Michael affonda le mani nelle tasche dei pantaloni e annuisce, fissandosi la punta delle scarpe.

«E tu dov'eri? Si può sapere dov'eri? E perché ti svegli adesso? Perché?»

Sfinita, abbandono le braccia lungo i fianchi e lo guardo. Il ciuffo ribelle gli è ricaduto sulla fronte e gli nasconde in parte il viso, ma lascia scoperta la linea perfetta del suo naso. Se solo non fosse stato così stupido.

«Sono stato uno stupido» inizia, come se mi avesse letto nel pensiero. Alza lo sguardo e mi fissa. «Sono stato il più grosso stupido sulla faccia della terra. Prima perché ti ho allontanato, e non so nemmeno io perché. Non mi piaceva che tutti parlassero di te, ho cominciato a pensare che non volevo avere niente a che fare con quei pettegolezzi, che forse eri più superficiale di quello che avevo pensato, ma non sono venuto a chiederti che cosa stava succedendo, non ti ho ascoltata, ho pensato di sapere tutto.»

Scuote la testa e fa una risatina amara. «Rido di me, eh» specifica, sorridendomi con la dolcezza che gli avevo visto negli occhi in quei primi giorni insieme. «Perché dopo aver pensato quella cagata, non ho avuto nemmeno il coraggio di venire a chiederti scusa per averla pensata e per averti lasciata da sola.»

Parlare gli dà coraggio perché fa un passo e si avvicina. Adesso vedo benissimo i suoi occhi grigio-azzurro-verde, li vedo così bene che intravedo le pagliuzze dorate che gli si formano intorno all'iride quando la luce dei faretti del palco ci batte sopra.

«Scusami» riprende «scusami per tutto, per averti ferita, per averti lasciata sola, per non aver avuto il coraggio di chiederti scusa quando avrei dovuto farlo. Scusami.»

«Perché dovrei fidarmi di te?» gli domando, con la

lucidità e la paura che mi ha lasciato in ricordo questa esperienza di dolore.

«Perché tu sei migliore di me, sei la persona migliore che io conosca, che io abbia mai conosciuto e vorrei avere la possibilità di dimostrarti che posso renderti felice.»

Fa un sorrisino storto e aggiunge: «E poi... perché mi sono portato queste».

Infila una mano nella tasca della giacca e pesca fuori un paio di corna da renna.

Avvampo all'istante, i faretti ormai mi fanno un baffo. Io sono la centrale elettrica.

«Hai visto il mio video!» esclamo.

Alla fine con la mamma abbiamo deciso che il fascinator era troppo serioso e abbiamo rispolverato la mia idea, molto più natalizia, del cerchietto con le corna da renna. Ho pubblicato il video quattro giorni fa e, a giudicare dalle corna di renna che vedo in giro, devono averlo visto in molti.

Michael adesso ride di gusto, ridiamo insieme. La tensione è volata via, la rabbia che mi bruciava dentro è spenta.

«Scuse accettate?» mi domanda, mettendomi in mano il cerchietto.

«Scuse accettate» rispondo, infilandoglielo e sistemandogli i capelli dietro le orecchie.

Faccio un passo indietro, lo guardo. «Una vera renna di Babbo Natale!» commento, battendo le mani.

«Signorina renna, mi fa l'onore di questo ballo?» dice lui, facendomi un buffo inchino.

Questa volta sono io che lo prendo per mano.

Lui mi guarda negli occhi e mi attira a sé. Il suo profumo è identico a quel pomeriggio, il mio naso lo riconosce subito e lo trasmette al cuore con una scarica elettrica che non posso controllare.

Il piccolo bacio che mi dà sul collo mentre mi stringe più forte mi fa sciogliere. Appoggio il viso alla sua spalla e lascio che Michael mi faccia volare girando a tutta velocità su noi stessi.

Sono felice, qui e ora, felice in un modo nuovo e diverso da tutti quelli che ho provato finora.

Non so quanto durerà, forse una settimana, forse un mese, forse di più, chissà. Ma di una cosa sono certa: non avrò mai paura di dirgli quello che provo, quello che penso, non mi sentirò più fuori posto, sfigata. Sarò sempre e solo me stessa, sempre e solo felice di esserlo.

Da qui in poi voglio vivere in un solo modo, il mio.

Da qui in avanti voglio credere solo nei miei sogni.

Epilogo

Quattro mesi dopo…

Jess mi guarda e scuote la testa: «Secondo me, ci vorrebbe un tocco bon ton».

«Non serve nessuno tocco bon ton» interviene Anna, alzando gli occhi al cielo e facendo una faccia che dice "Bisogna sempre spiegarti tutto?". «Deve essere creativa e basta. Deve trasmettere creatività. La gente deve guardarla e pensare» e qui partono le sue amate virgolette «"Ma come è creativa questa ragazza!".»

Jess si alza di scatto dal letto, mi raggiunge davanti allo specchio e guarda il mio riflesso con aria concentrata. «Uh! Guarda!» dice, puntandomi un dito verso la faccia. «Ti sta spuntando della creatività in fronte!»

E a quel punto io non ce la faccio più e… tre, due, uno… scoppio a ridere.

«Avete finito di dire scemenze?» dico, voltandomi e guardando le mie amiche, che adesso stanno facendo una delle loro solite gare di linguacce.

Più passano i mesi e più mi rendo conto che sono due dei tesori più grandi che ho trovato sulla strada della mia vita. Insieme alla mia famiglia, naturalmente.

«Be', possiamo muoverci, signorina creatività?» domanda Jess.

Il telefono suona, è una notifica di Instagram.

Anna mi punta contro un dito. «Non dovevi silenziarle?» mi dice, con un tono da maestrina.

«È che mi dispiace non rispondere subito» mi giustifico. «Sono tutte persone che mi regalano il loro tempo ed è giusto che io le ringrazi per quello che fanno per me.»

Sì, perché in questi mesi per una ragione che nessuno sa spiegare i miei contatti e le mie visualizzazioni su Instagram e YouTube si sono moltiplicate, sono uscite dalla scuola, dalla mia città e adesso ci sono migliaia di persone che seguono i miei video.

Ringraziarle quando lasciano un commento (uno positivo, a quelli negativi ho imparato a dare il giusto peso) mi sembra il minimo visto che è grazie a loro se ho ritrovato la fiducia nel mondo. Ed è solo grazie a loro che adesso sto per tenere il mio primo vero corso di "pasticci", giusto per citare Anna.

Una grossa catena internazionale di negozi di hobbistica mi ha messa sotto contratto per comparire nelle loro sponsorizzazioni televisive. Un mese fa ho trovato un DM su Instagram e ora eccomi qui pronta a registrare la prima puntata in un vero studio televisivo. Si tratta di video di tre minuti e ho dovuto trovare lavoretti molto semplici da fare, ma sono sicura che mi divertirò un sacco.

La voce di mio fratello che grida in corridoio mi riporta sul pianeta terra: «Siete pronte, piccole pesti?».

Ale ha preso la patente e ci accompagnerà lui in macchina allo studio, in una città a una cinquantina di chilometri dalla nostra. Per l'occasione, papà gli ha addirittura lasciato la sua auto e si è fatto portare al lavoro da mamma.

Anna e Jess sbraitano in coro: «Non siamo piccole!».

Anche su questo fronte le cose sono cambiate perché mio fratello non solo ha preso la patente, ma si è pure messo insieme a una sua compagna di scuola, una ragazza del terzo anno che ha una passione assurda per la moto proprio come lui. Jess e Anna sono in lutto da quando lo hanno scoperto.

«Voi sarete sempre le mie piccoline!» ribatte Ale, entrando in camera mia con le chiavi della macchina in mano.

Sposta lo sguardo su di me e alza un sopracciglio: «Wow! Se fossi il tuo ragazzo, sarei mooolto geloso».

E come se lo avesse evocato, mi arriva un WhatsApp da Michael. Appena riconosco la suoneria arrossisco, come al solito, senza neanche avere il tempo di fare il conto alla rovescia.

Anna e Jess evitano di mettersi a lanciare baci, fare cuori con le mani e sbattere gli occhi come cerbiatti solo perché c'è mio fratello.

Sblocco il telefono e leggo:

Io ci sono. A che ora passate?

Stiamo arrivando, rispondo in fretta.

«Bene!» esclamo, guardando Ale, Jess e Anna. «Direi

che siamo pronti per cominciare questa nuova grande avventura, no?»

Anna e Jess si mettono a saltellare e gridano: «Sìììì!».

Ale scuote la testa e borbotta: «Io comincio a scendere».

«Aspetta!» lo fermo. «Solo un attimo.»

Apro la fotocamera del telefono, prendo mio fratello e me lo tiro accanto, mentre Anna e Jess hanno già capito e si mettono davanti a noi due.

«Sorridete!» dico, alzando il telefono.

Basta un click...

«E questa va subito su Instagram!» esclamo.

Le mie amiche mi guardano con gli occhi sgranati. «Su Instagram?!» domandano in coro.

L'unica cosa che non è cambiata in questi mesi, loro lo sanno bene, è che nei miei video e nelle mie foto hanno continuato a comparire solo le mie mani e i miei lavori. Ma adesso sto per andare in tivù e la verità è che mi sento in debito con chi mi ci ha fatto arrivare. Il minimo che io possa fare è mostrarmi adesso a loro, a loro soltanto per la prima volta, mostrarmi come sono, metterci finalmente la faccia. È sciocco? Forse, ma io voglio farlo.

«Così mi riconoscono in tivù!» ribatto, mentre carico la foto.

E adesso sì, sono davvero pronta per questa nuova grande avventura.

Il cyber bullismo…
Nota dell'autrice

È un problema serio e sempre più diffuso. Se ne parla tanto, ma la cosa brutta è che molto spesso le vittime sono le uniche a restare in silenzio.

Perché? Subire atti di bullismo online non è diverso dal subirli di persona: provi la stessa paura, la stessa sensazione di essere sbagliato, di essere così sfigato da meritare solo le cose brutte che ti dicono, ti vergogni.

Invece, chi dovrebbe vergognarsi è proprio chi compie atti di cyber bullismo, chi insulta e ferisce pensando che non ci siano persone vere dietro a un profilo social.

Se siete vittime, parlatene con qualcuno, fidatevi di chi avete accanto, siano genitori, amici, prof o chiunque sentiate vicino per davvero.

I vostri migliori amici saranno la vostra forza. Teneteveli stretti e non dateli mai per scontato come ha fatto la protagonista del romanzo.

Samantha

Ringraziamenti

Grazie.

A chi mi è sempre stato accanto con parole gentili, a chi è stato duro con me quando mi serviva, a chi ha dimostrato di volermi bene, a chi mi supporta ogni giorno.

Grazie alla mia famiglia. Grazie a mio papà Andrea, a mia mamma Paola, a mio fratello Riccardo, siete fondamentali per me. Grazie a mia nonna Luciana, la mia più grande fan. Vi voglio bene.

Grazie alla mia manager Paula Mordo, per tutto il percorso fatto insieme, per tutta la sua disponibilità.

Grazie all'avv. Alessandro Garavaglia, per tutto il tempo dedicato a me.

Grazie a Serena Piazza e a tutto il team Rizzoli, per aver trasformato un mio sogno in realtà.

Grazie a ognuno di voi, i miei fan, perché rendete la mia vita un sogno.

Voi siete il mio team: grazie di esistere nel libro della mia vita.

Finito di stampare nel mese di settembre 2018
presso Grafica Veneta, Trebaseleghe (Padova)

Printed in Italy